인디고 서원에서

공생의 책읽기

인디고 서원에서
공생의 책읽기

1판 1쇄 펴냄 2019년 10월 7일
1판 2쇄 펴냄 2020년 7월 20일

엮은이 인디고 서원

주간 김현숙 | **편집** 변효현, 김주희
디자인 이현정, 전미혜
영업 백국현, 정강석 | **관리** 오유나

펴낸곳 궁리출판 | **펴낸이** 이갑수

등록 1999년 3월 29일 제300-2004-162호
주소 10881 경기도 파주시 회동길 325-12
전화 031-955-9818 | **팩스** 031-955-9848
홈페이지 www.kungree.com | **전자우편** kungree@kungree.com
페이스북 /kungreepress | **트위터** @kungreepress

ISBN 978-89-5820-613-2 03300

책값은 뒤표지에 있습니다.
파본은 구입하신 서점에서 바꾸어 드립니다.

인디고 서원에서
공생의 책읽기

인디고 서원 엮음

인디고 아이들, 책 속에서 이 세상의 생명들과
함께 살아가는 방법을 발견하다

궁리
KungRee

여는 글

인간의 고귀하고 아름다운 가능성

"모든 생명을 위해 역경을 무릅쓰는 것이야말로
가장 고귀한 형태의 인간성일 것이다."
– 에드워드 윌슨, 『지구의 절반』 중에서

2019년 8월 28일, 기후 위기의 시급함을 알리며 '미래를 위한 금요일' 운동을 끌어낸 16세 스웨덴 소녀 그레타 툰베리가 태양광과 오직 바람의 힘으로만 가는 친환경 요트를 타고 대서양을 횡단한 지 15일 만에 미국에 도착했습니다. 온실가스를 배출하는 주범 중 하나인 비행기를 타지 않겠다는 원칙을 지키면서도, 전 세계 시민들의 변화를 촉구하는 UN 기후 행동 정상회의에 참석하기 위해서 모험을 감행한 것입니다. 공교롭게도 이날은 56년 전 흑인 인권 운동가 마틴 루터 킹이 "나에게는 꿈이 있습니다(I have a dream)"라는 연설을 통해 사람들에게 인종 차별 문제의 현실에 눈을 뜨게 했던 날이기도 합니다.

그레타 툰베리는 당시의 인종 차별 문제만큼이나 기후 위기가 심각한 문제라는 것을 알리기 위해 미국 상원의원들 앞에서 "나에게도 꿈이 있습니다(I also have a dream)"로 연설의 서두를 열었습니다. 그리고 기성세대를 향해서 낭만적인 꿈을 꿀 것이 아니라 현실을 제대로 직시하고, 기후 위기를 해결할 수 있는 구체적인 비전을 제시하라고 외쳤습니다. 툰베리의 목소리가 깊은 울림을 주는 이유는 툰베리가 기성세대가 해결하지 못한 문제 앞에서 고개를 돌리거나 물러서지 않고, 정면으로 맞서 변화를 만들어가고 있기 때문입니다. 모두가 기후 위기가 심각한 문제임을 알지만 당장 자기 눈앞에 있는 문제들에만 집중할 때, 청소년에게 사회운동보다 공부하는 것이 더 중요하다고 말할 때 그레타 툰베리는 말합니다. "미래가 사라질지도 모르는데 우리는 왜 공부해야 하나요?"

인디고 서원의 청소년들은 그런 툰베리의 목소리에서 진정성을 느꼈습니다. 지금 눈앞에 있는 시험공부를 하는 것보다 우리 시대의 가장 중요한 문제를 들여다보고, 이를 해결할 수 있는 실천적인 변화를 만들어가야 합니다. 이 순간에도 지구 반대편의 열대우림이 사라지고, 태평양 한가운데에는 플라스틱 쓰레기 섬이 펼쳐져 생물들의 숨통을 조이고 있습니다. 이제는 매일매일 미세먼지 지수를 확인하면서 살아야 하며, 이상기후는 일상이 되었습니다. 인간의 활동으로 지구는 더욱 뜨거워지고, 쓰레기장이 되며, 생물 다양성은 급격히 줄어들고 있습니다. 이는 분명 우리 시대의 가장 시급한 문제입니다.

이 위기 앞에서 우리는 무엇을 할 수 있을까요? 무엇을 해야 할까요? 인디고 서원의 청소년들은 우리 시대의 가장 중요하고 절실한 문제를 담은 책을 함께 읽고, 세상에 질문을 던지고, 이를 바탕으로 토론하였습니다. 물론 지금 우리가 놓여 있는 상황은 너무나 절박해서 단지 책을 읽는 것만으로는 변화를 만들 수 없다고 말할지도 모릅니다. 하지만 근본적인 변화를 위해서는 우리가 세상을 이해하는 방식과 삶의 태도부터 바꿔야 합니다. 지금까지 우리가 세상을 바라보고 생각했던 방식에서 벗어나 새로운 관점에서 문제를 이해하고 실천을 모색해야 합니다.

그 원칙은 바로 '공존, 공감, 공생'입니다. 이 책의 1부에서 말하는 '공존'은 우리가 혼자가 아니라 함께 살아가고 있는 존재에 대한 자각입니다. 우리는 누구나 서로 영향을 주고받으며 살고 있습니다. 홀로 살 수 있는 존재는 아무도 없습니다. 그러나 오늘날 인류는 자연과의 공존을 잊어버린 것처럼 보입니다. 이 세계에 고귀하고 소중한 존재들이 서로 연결되어 있다는 공존을 망각한 인류에게 미래는 있을 수 없습니다. 2부에서는 이러한 공존에 대한 자각은 다른 존재의 처지를 깊이 이해할 수 있고 나아가 세상을 아름답게 바꾸는 힘의 원동력인 '공감'을 말합니다. 공감은 생명 감수성이라고 말할 수도 있을 것입니다. 생명 감수성이 있는 사람은 자연뿐만 아니라 다른 존재와도 깊이 교감할 수 있으며, 오늘날 시시각각으로 발생하는 불의를 민감하게 알아차릴 수 있습니다. 그렇게 하여 우리가 궁극적으로 꿈꾸는 모습은 3부에서 말하는 '공생'의 세상입니다. 공생이란 더불어 행복을 만들어가는 힘이며, 이는 곧 생명을 사랑하는 것입니다.

『인디고 서원에서 공생의 책읽기』는 공생의 삶을 실현하기 위해 질문하고 답하는 책입니다. 시대의 현실을 직시하고 그 너머의 아름다운 삶을 꿈꾸는 것으로 공생의 삶은 가능합니다. 물론 지금 당장 우리 눈앞의 문제를 해결하지 못할 수도 있습니다. 하지만 더 나은 세상은 무엇인지,

어떻게 하면 올 수 있을지 끊임없이 질문한다면, 그 해답을 지금 우리가 찾지 못한다고 해도 다음 세대가 넘겨받고, 시간이 지날수록 질문이 더 깊어지는 과정을 통해 문제를 해결할 희망이 있습니다.

이 세계는 고귀하고 소중한 존재들의 연결로 이루어져 있고, 그러한 공존의 사실을 망각한 인류에게 미래는 없습니다. 눈앞의 현실을 직시하고, 문제의 진실을 공감을 통해 나의 것으로 끌어안는 것은 인간의 중대한 책무입니다. 이것은 무리한 요구나 불가능한 도전이 아닙니다. 지금까지 인간은 무수히 많은 성취와 승리를 이루었습니다. 결국, 우리가 어떤 존재가 될 것인지는 우리의 선택에 달려 있습니다. 공생의 삶을 실현하기 위해 불가능해 보이는 꿈에 도전하는 것이 인류의 가장 숭고한 본성이라고 믿습니다. 인간의 무한한 가능성을 몸소 실천한다면, 이 시대가 당면한 문제를 뛰어넘어 보다 아름다운 세계를 함께 만들어 나아갈 수 있을 것입니다. 공존, 공감, 공생을 향해 나아가는 이 여정에 여러분께서 함께해주시길 진심으로 기원합니다.

인디고 서원에서

정다은

차례

| 여는 글 | · 5

| 1부 | 공존, 함께 살아가는 우리 13

도시에서 자연을 만나다 | 『사계절 자연 수업』 · 14
이해하고 사랑하고 실천하기 | 『김산하의 야생학교』 · 18
모든 생명체가 공생하기 위한 노력 | 『애니멀 어벤저스』 · 22
생명은 그 자체로 소중합니다 | 『10대와 통하는 동물 권리 이야기』 · 27
먹는 인간과 윤리적 삶 | 『GMO, 유전자 조작 식품은 안전할까?』 · 31
바다가 아프면 우리도 아프다 | 『플라스티키, 바다를 구해줘』 · 36
금강요정과 함께하는 우리 강 파헤치기 | 『위대한 강의 삶과 죽음』 · 41
안전을 내건 도박, 올인하시겠습니까? | 『탈핵 학교』 · 46
아름다운 밤과 마주한 나 | 『마우나케아의 어떤 밤』 · 50
동물과 사람이 공존하는 세상을 만들기 위하여 | 『세실의 전설』 · 54
사라지는 동물들 사이에서 인간은 어디로 갈 것인가? | 『내 이름은 도도』 · 58
잃어버린 지구의 절반을 찾습니다 | 『지구의 절반』 · 63

| 2부 | 공감, 세상을 바꾸는 아름다운 능력 69

더 나은 세상을 위한 듣기 | 『듣는다는 것』 · 70

마음으로 들리는 소리 | 『산책을 듣는 시간』 · 74

누구나 평범하게 사랑하고 일하고 교육받는 사회 | 『누구나 꽃이 피었습니다』 · 79

마음을 담아내는 그릇, 얼굴 | 『얼굴 사용법』 · 84

우정을 아름답게 가꾸는 방법 | 『우정 지속의 법칙』 · 89

꿈을 향해 날아올라! | 『갈매기에게 나는 법을 가르쳐준 고양이』 · 93

행복한 삶을 위한 나만의 긴 여행 | 『내가 행복한 곳으로 가라』 · 98

우리 사회를 정의롭게 만드는 질문 | 『1등에게 박수 치는 게 왜 놀랄 일일까?』 · 103

세상을 바꾸는 유쾌한 혁명 | 『거리 민주주의: 시위와 조롱의 힘』 · 107

과학, 사람의 자리를 비추는 빛이 되어라 | 『사람의 자리』 · 112

말하지 못한, 그 꿈들 | 『그 꿈들』 · 117

평화로운 세계를 향해 울려퍼지는 만세 함성 | 『만세열전』 · 121

선량한 차별주의자 벗어나기 | 『선량한 차별주의자』 · 126

그들이 우리다 | 『아이들의 평화는 왜 오지 않을까?』 · 130

| 3부 | 공생, 더불어 행복을 만들어가는 힘 135

정의로운 세계를 향한 혁명의 책읽기 | 『다라야의 지하 비밀 도서관』 · 136
질문하고 또 질문하기 | 『행복이 정말 인생의 목표일까?』 · 141
품격 있는 학교에서 품위 있는 시민이 탄생한다 | 『학교의 품격』 · 145
나답게 살기 위한 공부 | 『공부하는 인간』 · 150
진정한 공부란 무엇인가 | 『소현 세자의 진짜 공부』 · 154
한 청년의 가슴 뛰는 도전기 | 『연필 하나로 가슴 뛰는 세계를 만나다』 · 160
세상을 일깨우는 청소년의 질문 | 『어른을 일깨우는 아이들의 위대한 질문』 · 164
아름다움의 씨앗, 나다운 것 | 『나다운 게 아름다운 거야』 · 170
지금 이 글을 읽는 당신의 손이 궁금합니다 | 『손이 들려준 이야기들』 · 174
사랑과 희망의 전사, 바리 | 『희망을 부르는 소녀, 바리』 · 178
우리는 모두 자기 삶의 예술가입니다 | 『타샤의 말』 · 183
사랑은 세상을 구원한다 | 『이회영, 내 것을 버려 모두를 구하다』 · 187
아름다운 존재를 사랑하라 | 『크리스 조던』 · 192
참된 삶을 향해 항해하라 | 『참된 삶』 · 197

| 인디고 아이들이 추천하는 책 | · 203

1부 … 공존, 함께 살아가는 우리

아름다운 푸른 행성 지구. 이 지구에는 얼마나 많은 생물 종이 함께 살아가고 있을까요? 내 몸을 이루는 수많은 미생물도 있고, 정말 많은 것을 나누어주는 나무도 항상 우리 곁에 있습니다. 또 지구 반대편에는 초원을 달리는 사자와 코끼리도 있고, 바닷속에는 100년을 넘게 사는 거북이도 있지요. 내가 미처 다 알거나 보지는 못하지만 지구 곳곳에는 정말 많은 생명이 살아 숨 쉬고 있습니다.

그런데 우리는 그 사실을 쉽게 잊고 알려고 하지 않는 것 같아요. 수많은 생물 종이 멸종 위기에 처해 있는지조차 몰랐으니 사라진다고 해서 안타깝게 여기지 못합니다. 하지만 지금 당장 나에게 오는 불편이 없다고 무관심할 수 있는 문제는 아닙니다. 생명이 사라지는 건 매우 심각한 일이고 반드시 해결해야 할 문제입니다.

이 땅의 모든 존재가 서로 영향을 주고받으며 함께 살고 있음을 '공존'이라는 단어로 표현할 수 있는데요. 공존은 그 자체로 실천적 개념은 아니지만, 우리가 공존한다는 사실을 깨달으면 소중한 생명을 구할 수도 있습니다. 그러므로 우리가 어떤 존재들과 함께 살아가고 있는지를 알고자 하는 것은 중요한 일입니다.

공존, 우리와 함께 살아가는 목소리에 귀 기울일 준비가 되셨나요? 공존의 세계를 보여주는 다양한 분야의 책을 통해 우리 삶을 한층 더 깊게 이해해봅시다.

도시에서
자연을 만나다

『사계절 자연 수업』

• 김민서(15세) •

책 속의 한 문장 ▸▸ "당신이 발을 딛고 있는 곳이라면 어디든 좋다. 그것이 해변이나 산, 심지어 볼품없는 동네 공원일지라도, 자연은 너그러이, 함께 숨 쉬는 걸 허락해줄 것이다. 혹 가고자 하는 곳이 있다면, 그것이 학교의 생물 수업이든, 도서관이든 단순히 새를 관찰하는 작은 수업이든 자연은 어디로든 당신을 이끌어줄 것이다."

『사계절 자연 수업』, 클레어 워커 레슬리 지음,
양원정 옮김, 미래의창, 2018

콘크리트 건물 천지인 도시에서 자연을 만나기란 어려운 일입니다. 그런데 정말 그럴까요? 어쩌면 나를 둘러싼 모든 것이 자연인데, 너무 거대한 존재라고 생각하면서 자연이 멀리 떨어져 있다고 착각했는지도 모릅니다. 인류는 지금까지 편리함만을 중요하게 생각해왔고, 그래서 많은 것을 잃어버렸습니다. 자연이 주던 혜택들을 당연하게 여기며 함부로 쓰고 버렸던 것들 때문에 자연은 많이 훼손되었습니다. 오늘날 청소년 세대가 자연을 멀게 느끼고 잘 모르는 것은 우리가 직면한 큰 위기의 증거입니다.

이 책은 우리가 잘 몰랐던 일상 속의 자연을 들여다보는 방법을 알려줍니다. 도시에서 자연을 어떻게 느끼면 좋을지 잘 설명해주고 있지요. 동식물들을 비롯하여 하늘, 땅, 바다, 바위 하나까지 지나칠 것 없는 훌륭한 수업입니다. 자연과 교감하고 느끼며 즐기는 것이 배움의 전부라고 해도 과언이 아닙니다. 평소 흔히 지나치던 것들이 새롭게 보이고, 처음 본 것들이 친근해지고 궁금해집니다. 그 존재가 작은 것이든 큰 것이든 친해지는

데 그리 오랜 시간이 걸리지도 않는답니다. 책 가장자리에 "한번 해보세요(Try This)"라고 쓰여 있는 페이지를 따라서 해보면 자연과 더 빨리 친해질 수 있습니다.

이 책을 단지 사라져가는 자연을 느끼기 위해서만 추천하는 것이 아닙니다. 이렇게 자연과 교감하여 자연이 얼마나 소중한지 알게 되면, 조금이나마 자연과 함께 살고자 하는 사람이 더 많이 생길 것이라 믿기 때문입니다. 저 역시 이 책을 읽고 자연의 중요성을 잘 알게 되었습니다. 여러분께도 이 책이 도시에서 자연을 만나는 일의 길잡이가 되길 바랍니다.

자연이 파괴되고 있다는 것을 알면서도 왜 우리는 아무 실천도 하지 않을까요?

인간은 편리함을 추구하며 많은 발전을 이룩해왔습니다. 그런 만큼 이미 편리함에 익숙해져 살아가고 있지요. 그런 일상에서 자연을 위해 삶을 조금 바꾸는 것은 불편한 일이었을 겁니다. 하지만 상황이 이렇게 심각한데, 왜 그런 작은 불편함을 감수할 수 없었던 걸까요?

당장 우리집 수도꼭지에선 더러운 물이 나오지 않습니다. 공기청정기를 돌리면 집 안에선 미세먼지를 신경 쓰지 않아도 되고, 종이나 휴지는 다시 사 오면 그만, 물도 틀면 그저 나오는 법입니다. 가족 중 아무도 음식 속 비닐을 먹고 죽지 않으며, 당장 쓰레기들이 집을 뒤덮는 것도 아니죠. 하루아침에 집이 사라지는 것도 아닙니다. 뉴스나 기사에서 보던 많은 문제들은 피부에 와닿지 않지요. 그냥 머나먼 곳의 일로만 느끼며 살아가고 있는 겁니다. 정작 바깥으로 나가면 미세먼지가 심하다고 불평을 잔뜩 내뱉으면서요.

더 늦기 전에 더 많은 자연을 느껴보고, 더 늦기 전에 더 많은 사람이 노력해서 이 자연을 지켜나갔으면 좋겠습니다. 이미 많은 자연이 사라진 이 땅에서 더 이상 미룰 시간은 없습니다. 아주 작은 실천이어도 수많은 사람이 행하면 작은 변화가 아니라는 사실을 꼭 기억하면 좋겠습니다.

이 책을 읽고 함께 토론해봅시다

- 책에 나오는 자연 수업을 세 개 이상 직접 해보고, 느낀 점을 이야기해보세요. 그리고 책에 소개되어 있지 않지만, 여러분만의 자연을 느낄 방법(자연 수업)을 만들어보세요.
- 자연의 위기를 인식하지 못하는 사람들에게 이 문제를 어떻게 알리면 좋을까요? 그리고 알면서도 침묵하는 사람들이 실천할 수 있도록 하는 방법은 무엇이 있을까요?

함께 읽으면 좋은 책

『식물 읽어 주는 아빠』, 이태용 지음, 북멘토, 2017

『지구인의 도시 사용법』, 박경화 지음, 휴, 2015

이해하고
사랑하고 실천하기

『김산하의 야생학교』

• 이선우(15세) •

책 속의 한 문장 ▸▸ "많은 이들은 무엇보다 생명이 가장 우선시되어야 한다고 지적한다. 맞는 말이다. 그러나 그 생명의 가치가 사람에게만 협소하게 적용될 경우 사람 외의 생명을 희생시키는 또 한 번의 오류를 범하게 되고, 결국 보편성을 획득하지 못한 생명 중시 사상은 급할 때가 되면 자신의 목숨만 부지하려는 이기주의로 변질되기 쉽다."

"사람이 아닌 생명에게도 이심전심으로 대해야 비로소 생명 존중의 사상이 체화될 수 있다."

『김산하의 야생학교』, 김산하 지음,
갈라파고스, 2016

지금 이 글을 읽고 있는 당신이 보는 밖은 어떤 모습인가요? 수많은 새들이 유리창에 부딪혀 죽고 있는데도 아랑곳하지 않고 유리 건물을 만드는 데에 여념이 없는 모습, 인간에게 귀찮다는 이유로 공원에 떡하니 살충 기계를 놓은 모습이 보이나요? 여러분 스스로의 모습은 어떤가요? 겨울이면 오리나 거위 털로 만든 패딩을 경쟁하듯 구매하고, 여름이면 맨손으로 물고기 잡는 축제에 신나게 참여하고 있지 않나요?

이 책의 저자 김산하 선생님은 이제껏 감춰져 있던 충격적이고 잔인한 우리의 민낯을 똑바로 마주하게 해줍니다. 골프장을 만들기 위해 멸종위기종인 수원청개구리의 서식지를 메우는 모습, 조류독감을 피하고자 홀로코스트(대학살)를 저지르는 것과 같이 거대한 일들뿐만 아니라, 치킨을 많이 먹거나 에어컨이나 보일러를 과도하게 트는 모습처럼 사소한 것들이 뭇 생명들에게 얼마나 위험한지에 대해 얘기합니다.

우리가 일상적으로 행했던 일들이 동식물에게는 만행이었다는 사실을 깨닫습니다. 동식물들을 넘어서, 지구를 살리는 방법에 대해 스스로 생각하게 합니다. 예를 들면 비닐봉지 대신 장바구니 쓰기, 샴푸와 린스 아껴 쓰기 등과 같은 것 말이죠. 제 주변의 많은 친구가 이 책을 통해 자신의 생각에 변화가 있었다고 얘기합니다.

제 얘기를 하자면, 저는 이 책을 읽고 '불편함'을 느꼈습니다. 백화점을 둘러보다 털옷이나 패딩을 보면 마치 동물들이 고통스러워하는 모습이 눈에 보이는 듯하고, TV 프로그램에서 야생 동물을 잡아먹는 모습을 비판적으로 볼 수 있게 되었으며 돼지고기나 치킨을 먹을 때에는 죄책감이 들기도 했습니다. 제가 예민한 거 아니냐고요? 제가 예민한 게 아니라, 우리가 놀라울 정도로 둔했던 것입니다. 저도 부끄럽지만 『김산하의 야생학교』를 읽기 전에는 이런 생각을 하지 못했습니다. 우리가 습관처럼 했던 행동들이 더는 당연한 게 아니라는 것을 알아야 합니다. 환경을 조금이나마 미소짓게 하기 위해선, 우리의 노력이 필요합니다.

생태적 감수성을 기르려면 어떻게 해야 할까요?

그렇다면 우리는 어떤 방법으로 생태적 감수성을 기를 수 있을까요? 지금 우리는 자연과 인간이 공존해야 하는 존재임을 알고 있으면서도, 자연에 비인간적이고 잔인한 태도를 끊임없이 보이고 있습니다. 콜롬비아의 전쟁과 폭력에 고통받는 청소년들을 위해 현대무용을 가르치는 '몸의 학교'의 설립자 알바로 레스트레포 선생님은 몸의 일부분이 아파도 우리 몸 전체가 아픈 것이라고 말씀하셨습니다. 이처럼 이 지구의 일부인 자연이 인간으로 인해 고통을 느낀다면, 머지않아 인간도 아픔을 느끼게 될지도 모릅니다.

『야생학교』에서는 자연이 민감하고 소심한 성격을 가지고 있는 탓에 자신의 목소리를 잘 내지 못한다고 말합니다. 우리는 그 자연의 성격을 섬세하고 깊이 헤아리는 마음가짐을 가져야 할 것입니다. '나 하나쯤이야, 괜찮겠지'라는 생각은 집어던지고 우리 자신부터 달라지면 어떨까요? 그러기 위해선 자연을 비롯한 어떤 것도 쉽게 희생시키지 않으며 근본적인 것부터 따져보는 것이 중요합니다. 내가 하는 것들로 인해 자연이 상처받지는 않을지 생각해보아야 합니다. 자연에 귀 기울여야 합니다. 이것이 바로 생태적 감수성을 기르는 길입니다.

이 책을 읽고 함께 토론해봅시다

- 진정한 변화를 위해서는 지속성이 필요합니다. 한번 하기로 마음먹은 실천을 계속하는 것이죠. 지금 우리가 직면한 환경 위기를 극복하기 위해 어떤 실천을 꾸준히 하면 좋을지 생각해보세요.
- 생태적 감수성이 실질적인 변화로 이어지는 가장 좋은 방법은 '함께하기'입니다. 가족, 학급, 동네 등 내가 속한 공동체에서 함께할 수 있는 재미있는 야생학교를 기획해보세요.

함께 읽으면 좋은 책

『뜨거운 지구에서 살아남는 유쾌한 생활습관 77』, 데이비드 드 로스차일드 지음, 환경운동연합 옮김, 추수밭, 2008

『모든 생명은 서로 돕는다』, 박종무 지음, 리수, 2014

모든 생명체가 공생하기 위한 노력

『애니멀 어벤저스』

• 이연우(15세) •

책 속의 한 문장 ▸▸ "학대와 유기의 대부분이 말을 안 들어서, 이상한 행동을 해서, 고쳐지지 않으니까 생긴다. 그리고 결국에는 버린다. 그건 반대로 생각해 보면 동물이 자신의 습성대로 움직여도 이해하지 못하는 인간들 때문에, 자신의 습성대로 소리내도 이해하지 못하는 인간들 때문에, 자신의 습성대로 원하는 것을 찾을 뿐인데도 이해하지 못하는 인간들 때문에 일어나는 것이다."

『애니멀 어벤저스』, 채희경 지음, 이파르, 2018

여러분은 동물을 좋아하나요? 세상엔 동물을 좋아하는 사람도, 그렇지 않은 사람도 있을 것입니다. 그런데 동물에 별 관심이 없는 사람들도 충격에 빠질 수밖에 없는 책이 있습니다. 바로『애니멀 어벤저스』입니다.

이 책은 우리가 미처 생각하지도 못했던 아니, 생각했더라도 무심코 지나쳤던 동물들에 대한 인간의 잘못된 태도와 인식을 알려주고 있습니다. 그래서 책을 한 장 한 장 넘길 때마다 새로운 것을 알게 되지만, 동시에 매우 당황스럽고 괴로울 수도 있습니다. 저는 특히 반려동물로 강아지를 키우고 있어서 공감이 잘 되었고 그만큼 충격을 느끼며 눈물이 나기도 하였고 화도 많이 났습니다.

한편으로는 생명의 권리에 대한 인식이 높아지는 오늘까지도 왜 아직 수많은 동물이 고통스러워할 수밖에 없는지 의문이 들었습니다. 동물의 실상을 들려주는 책들이 이렇게 많이 나왔는데 왜 우리는 여전히 똑같은 짓을 하고 있을까요? 사람들은 잘못된 행동인 것을 알면서도 모르는 척하는 걸까요? 아니면 자신의 행동이 잘못되었는지 정말 모르는 걸까요?

이 땅에는 인간뿐만 아니라 많은 생명체가 살기 때문에 서로 도우면서 살아야 한다는 것은 누구나 잘 알 것입니다. 하지만 잘 지켜지고 있지 않습니다. 너무나 태연하게 환경을 망가뜨리고 생명을 학대하는 일들이 다반사지요.

인간의 어이없는 실수로 동물들이 고통받고 죽는 일은 이제 사라져야 합니다. 최근에 이런 뉴스를 들었어요. 동물원 푯값을 내지 않으려고 어떤 사람이 철장을 넘었는데 그곳이 하필 호랑이 우리여서 호랑이가 그 사람을 덮쳤고, 호랑이를 죽여야 했다는 뉴스였죠. 실수로 어린아이를 사자 우리로 떨어뜨려 조금이라도 늦었으면 사자를 죽여야 할 뻔했다는 뉴스도 봤습니다. 인간으로서, 인간의 생명을 가장 우선시하게 되는 건 어쩔 수 없죠. 하지만 그것이 우리의 욕심이나 부주의에서 비롯된 것이어서는 안 됩니다.

내가 할 수 있는 실천에는 어떤 것들이 있을까요?

혹시 여러분은 동물을 택배로 사고파는 일을 알고 있나요? 인기 TV 프로그램에서 오락을 위해 아무렇지 않게 사냥하는 장면을 보여주는 건 불편하지 않나요? 동물들은 산 채 털과 가죽이 벗겨지고 꼬챙이에 거꾸로 매달린 채 죽어가고 있습니다. 아이들을 위한다는 동물원은 어떤 교육 목표를 가진 곳인가요? 사람들에게 피해를 준다는 멧돼지들은 산에서 내려와 마을까지 오고 싶지 않았을지도 모릅니다. 이뿐 아닙니다. 인간의 안전을 위해 행해지는 잔인한 동물실험을 어떻게 멈춰야 할까요? 복날이라는 이유로 죄 없는 얼마나 많은 동물들이 희생되나요? 반려동물을 유기하는 일은요?

저는 이처럼 동물이 처한 현실적인 문제점을 직접 알고 사람들이 충격을 받아야 그 문제들이 조금이라도 고쳐질 수 있다고 생각합니다. 저희 엄마도 예전에 모피로 된 목도리를 샀다가 동물들이 산 채로 가죽이 벗겨지는 영상을 본 다음 바로 그 목도리를 버리셨고 이후 절대로 모피로 된 물건을 사지 않았습니다. 따라서 동물을 위해 우리가 할 수 있는 가장 쉬운 일은 이러한 현실을 나부터 잘 인식하고 널리 알리는 일일 것입니다. 이 책을 친구들에게 추천해서 읽을 수 있도록 하는 것도 하나의 방법이겠죠. 이 세계에서 동물과 함께 공생하기 위해서 또 어떤 노력이 필요할까요?

생명에 대한 존중과 경이를 가르치는 일이 중요하다고 생각합니다. 어릴 때부터 그런 상식을 알게 되면 커서도 기억에 남을 것이고, 나중에 잘못된 일을 쉽게 저지르지 못할 것이라 생각합니다.

또 동물을 키우는 분이 있다면 그 동물을 끝까지 책임지고 사랑해야 하고 애초에 키울 자신이 없다면 데려오지 않아야 한다고 생각합니다. 또 앞으로 동물을 키우려고 생각하는 분이 있다면 유기된 동물들을 우선으로 고려해보았으면 좋겠습니다.

또한 모피로 된 옷이나 가죽으로 된 제품을 되도록 사용하지 않아야 하고 그런 것을 '고급 물건'으로 인정해주는 분위기도 바꿔야만 합니다. 그런 사람들을 부러워하는 대신 왜 그런 물건을 사서는 안 되는지 진실을 공유할 수 있어야 합니다. 또, 동물원이나 동물쇼는 보러 가지 않으면 좋겠습니다. 동물 카페에도 마찬가지로 가지 않아야 합니다. 가더라도 마음대로 만지는 행위가 얼마나 무례하고 상대를 괴롭게 하는지 고민해야 합니다.

우리가 다른 생명을 위해 어렵지 않게 할 수 있는 일은 이렇게나 많습니다. 그리고 우리는 일상의 작은 선택에서부터 그런 것들을 이뤄나갈 수 있다는 사실도 이미 알고 있습니다. 중요한 것은 미약하지만 직접 실천해 보는 것이지요. 우리의 노력이 다른 사람들에게 영향을 미치고 또 우리 사회의 인식의 발전과 더해져서 이 지구에서 많은 생명체가 모두 평화롭게 공생할 수 있는 날이 하루 빨리 찾아오면 좋겠습니다.

이 책을 읽고 함께 토론해봅시다

- 책에 소개된 이야기 중 가장 인상 깊은 3가지를 골라보세요. 고른 사례에 등장하는 동물들이 고통을 받게 된 이유가 무엇인지 생각하며, 새롭게 알게 된 정보 혹은 깨달은 바가 있다면 함께 이야기해봅시다.
- 동물들과 함께 공생하기 위해서는 어떤 노력이 필요할까요? 이런 일이 다시는 일어나지 않기 위해 내가 할 수 있는 실천과 제도적 · 문화적 변화는 어떤 것이 필요한지 함께 써봅시다. 관련 기사 혹은 다른 나라의 사례를 찾아보는 것도 좋겠지요?

함께 읽으면 좋은 책

『돼지가 있는 교실』, 쿠로다 야스후미 지음, 김경인 옮김, 달팽이, 2011

『사향고양이의 눈물을 마시다』, 이형주 지음, 책공장더불어, 2016

생명은 그 자체로 소중합니다

『10대와 통하는 동물 권리 이야기』

• 배현진(15세) •

책 속의 한 문장 ▸▸ "나 아닌 다른 대상에 대한 공감을 토대로 서로 소통하고자 하는 마음이야말로 우리 사회를 풍요롭게 한다는 것은 여러분도 잘 알고 있으리라 믿습니다. 사람이 동물보다 더 중요한가요? 그 어떤 것도 절대적인 가치가 될 수는 없습니다. 동물을 사랑한다고 사람을 업신여긴다는 뜻이 아니며 동물의 복지에 동참한다고 해서 인간의 복지는 나 몰라라 하는 것은 아니랍니다. 우리는 모두 소중한 생명입니다. 여러분이 부모님에게 가장 소중한 보물이듯 동물들에게도 제 새끼는 눈에 넣어도 아프지 않을 존재랍니다.

이제는 우리의 공감 능력을, 지구 생태계에 우리와 함께 살아가는 동물에게까지 확장할 때라고 느낍니다. 부끄러운 착취의 역사를 답습하는 것이 아니라 건강한 공존을 계획할 때입니다. 그랬을 때 우리는 동물을 지배하는 데서 '성공'하는 것이 아니라 동물에게서 사랑을 배우며 '성장'할 것입니다."

『10대와 통하는 동물 권리 이야기』, 이유미 지음, 철수와영희, 2017

피비린내로 가득 채워진 그곳에선 눈을 뜨기조차 힘이 듭니다. 왜 죽어야 하는지도 모르는 채 오늘도 동물들은 단 한마디의 말조차 하지 못한 채 죽어갑니다. 도살장, 양계장. 밍크코트 공장, 심지어는 유기견 보호소의 모습입니다.

인간에게 그 누구도 생명을 마음대로 다룰 권리를 준 적이 없습니다. 그런데도 인간들은 그런 행동을 '당연하다는 듯이' 하고 있습니다. 펫샵에서 사 온 고양이는 그냥 한 달 정도 갖고 놀 장난감일 뿐입니다. 이유도 모른 채 유기된 동물들은 홀로 남겨져 있는 그 공간이 얼마나 낯설고 두려울까요. 버려진 동물이 차에 치이거나 사고를 당해 무지개다리를 건너게 되어도 버린 인간은 아무런 책임을 지지 않습니다.

더 강하고 힘이 세다는 이유로 다른 생명을 무시하고, 막 대하는 것이 과연 옳은 일인지 다시 한번 물어보고 싶습니다. 인간이 다른 동물들에 비해 똑똑하고 의사소통으로 더 나은 세상을 만들기 위해 끊임없이 노력한다는 점에서는 칭찬하고 싶지만 저는 왜 다른 동물은 배제하는지 묻고 싶습니다.

왜 우리는 동물을 오해하게 되었을까요?

저는 어린 시절부터 동물을 특정한 이미지로 배웠습니다. 예를 들어 제게 토끼라는 생명은 그저 하얀 털이 뽀송한, 당근을 좋아하는 귀여운 존재일 뿐이었죠. 그러나 실제로 본 토끼는 굉장히 달랐습니다. 토끼는 종류에 따라 털 색깔도 다양하고, 당근만 먹는 게 아니었습니다. 오히려 토끼에게 당근을 너무 많이 주게 되면 장 질환과 설사를 유발한다고 합니다. 저는 14살이 되도록 토끼를 오해하고 있었던 것이지요. 어쩌면 제가 즐거운 마음으로 건네준 당근을 받아 먹고 토끼는 배가 아팠을지도 모르겠습니다.

학교 교육에서만 이런 잘못된 생명에 대한 이미지를 알려주는 것은 아닙니다. 동물원에 가보면, 그곳의 동물들은 모두 자기 자신의 모습을 잃은 채 지냅니다. 북극곰에게 한국의 여름을 견디게 하는 것이, 하루에 수십 킬로미터를 뛰어다니는 맹수들을 가둬두는 것이 어떤 이유로 정당화될 수 있을까요?

제가 이 책을 처음 읽었을 때 마침 중국의 싼야섬이라는 곳을 여행하고 있었습니다. 그곳의 유명한 동물원에 갔는데, 마찬가지로 전혀 자신에게 맞지 않는 삶을 살아가는 동물들이 있었습니다. 이 모습을 사진으로 찍고 즐기는 사람들을 보며 정말 제정신이 아니라는 생각이 들었습니다. 그리고 돌아오면서 저는 다짐했습니다. 이런 세상이 계속되어서는 안 되겠구나, 하고요. 인간이 아닌 동물에게도 자신의 삶을 살 권리가 있고 우리는 다른 동물보다 잘난 존재가 결코 아니라는 것을 깨달아야 합니다.

새는 아름다운 깃털을 가졌기에 보호받아야 하는 것이 아니라 그 생명 자체로 가치가 있으며, 그들의 세계를 존중해주어야 합니다. 지금 당장 모든 동물원을 없애거나 동물에 대한 오해를 없애기는 어렵습니다. 하지만 우리부터 생명을 그 존재 자체로 존중하고 그들의 특성을 진실하게 이해해야 합니다. 동물들의 외침을 무시하지 말아야 합니다. 그들의 목소리가 조금 더 당당하고 크게 울리기를 오늘도 저는 간절히 바랍니다.

이 책을 읽고 함께 토론해봅시다

- 동물 권리에 대한 관심이 점점 많아지고 있습니다. 여러분이 최근에 본 동물 권리와 관련된 뉴스는 무엇이 있나요? 그에 대한 여러분의 생각을 정리해보고 친구들과 함께 토론해봅시다.
- 만약 내가 동물이라면, 사람들이 갖고 있는 편견 중 어떤 것에 대해 말하고 싶나요? 특정 동물을 정해서 그 동물을 대변하는 마음으로 연설문을 써봅시다.

함께 읽으면 좋은 책

『그림자 형제를 위하여』, 채인선 지음, 한권의책, 2015

『사라져가는 것들의 안부를 묻다』, 윤신영 지음, MID, 2014

먹는 인간과
윤리적 삶

『GMO, 유전자 조작 식품은 안전할까?』

• 이선우(15세) •

책 속의 한 문장 ▸▸ "다국적 기업은 식량 문제나 질병 예방 등 인류가 겪고 있는 문제들을 해결하겠다고 이렇게 많은 GMO를 만들었어요. 그런데 여기서 우리가 고민해 보아야 할 것은 실제로 GMO가 우리의 삶을 나아지게 했는지예요. GMO가 만들어진 다음부터 인류의 식량 문제가 해결되었는지, 질병은 예방되고 있는지 날카롭게 따져 봐야 하는 것이지요. 어떤가요? GMO는 정말 인류를 행복하게 만들어 주었나요?"

"만일 GMO에 대한 의심이 생긴다면 일단 정확히 상황을 파악하는 일이 중요해요. 예를 들면 현재 외국에서 어떤 GMO가 얼마나 많이 수입되고 있는지, 이들이 어떤 가공식품에 포함돼 있는지, 국산 GMO가 어느 정도로 개발되고 있는지, 주변에 비슷한 생각을 갖고 의논할 친구가 있는지, GMO에 대한 자신의 의견을 어떻게 알릴 수 있는지 등을 아는 데서 출발해야 해요."

『GMO, 유전자 조작 식품은 안전할까?』,
김훈기 지음, 풀빛, 2017

유튜브로 먹방을 보는 일, 음식 사진을 먹음직스럽게 찍어 인스타그램에 올리는 일, 텔레비전으로 요리 프로그램을 보는 일. 우리가 자주 하는 이 행동들은 무엇과 관련되어 있을지 한번 생각해보세요. 바로 '먹는다'는 것이죠. 먹는 행위는 모두가 생각하는 그 이상으로 우리 생활에 다양한 영향을 줍니다. 저녁식사를 하며 가족과 대화를 나누기도 하고, 결혼식이나 돌잔치 같은 행사에서는 손님들에게 음식을 대접하죠. 심지어 각 나라의 정상들의 회담에서도 같이 음식을 먹습니다. 이렇게 보니 우리에게 음식은 기쁘고 좋은 일에 빠질 수 없는 것입니다.

하지만 이 음식들이 서로 다른 유전자가 변형되어 인위적으로 만들어진 거라면 어떤가요? 왠지 조금 꺼려지지 않나요? 이러한 유전자 변형(조작) 식품을 GMO라고 합니다. GMO는 'Genetically Modified Organism'의 약자인데, 옥수수, 콩, 캐놀라유와 목화가 대표적입니다. 전 세계에는 이런 GMO를 생산하는 기업 단체들이 있습니다. 처음에 이 기업들이 GMO를 만들기 시작할 때 알렸던 목적은 '식량 문제 해결'이었습니다. 잡초나 해충의 피해를 줄여 농산물의 생산량을 늘리려 한 것이죠. 또 다른 목적은 '질병 예방'이라고 주장하였습니다. 어떠한 영양 성분의 양을 늘려 만든 새로운 종자를 대중들에게 판매하는 것입니다.

하지만 여기서 짚어야 할 점은 이렇게 다양한 형태의 GMO가 생김으로써 우리의 생활을 나아지게 했냐는 겁니다. 여전히 가난, 질병으로 아이들이 1시간당 1,000명 가까이 목숨을 잃습니다. 또, 전 세계에서 매년 폐기되는 음식물의 양은 이루 표현할 수 없을 정도로 많습니다. 심지어 농부들은 사료 가격과 시설 비용의 인상으로 인해 GMO를 쓰기 전과 후의 경제적인 측면에서 이익을 더 보지 못합니다.

우리가 중요시하는 건강은 어떨까요? 역시나 이것마저도 보장할 수 없습니다. 한 연구 결과에 따르면, GMO 옥수수와 제초제를 먹은 쥐가 보통 사료를 먹은 쥐보다 간과 신장에 이상이 생기는 등 몸 전체의 상태가 나빠졌다고 합니다. 특히 이 제초제에 들어 있는 '글리포세이트'라는 성분은 암을 일으킬 수 있다는 논란이 많아 몇몇 국가에서는 GMO 식품은 수입하지 않겠다고 밝혔습니다.

여러분의 식탁은 정의롭나요?

오늘 만약 세 끼 중 한 끼라도 집에서 차려 먹는다면, 여러분이 차린 그 식탁을 한 번 유심히 보세요. 어떤 음식이 있는지, 이 음식의 배경은 어떤지, GMO인지 아닌지 확인해보세요. 나는 과연 '먹는다는 것'에 어떠한 태도를 갖고 있는지 알아보세요. 그러고 나선 어떻게 하면 조금 더 나은 식탁을 만들 수 있을지 고민해보는 것도 좋을 것 같습니다. 실천하기 위해서는 먼저 알아야 합니다. 우리는 식품안전정보포털(foodsafetykorea.or.kr)과 아바즈(avaaz.org)에서 GMO에 대한 정보를 알 수 있습니다. 그리고 내가 생각하기에 부당한 것들은 당당하게 주장하는 것도 중요합니다. 서명 운동에 참여하는 것도 큰 보탬이 된답니다. 또, 'icoop생협'이라는 단체를 비롯한 식품에 대한 정보를 투명하게 공개하고 자연 식품을 최대한으로 하는 여러 기업을 애용하는 것도 하나의 방법입니다.

우리 각자가 실천하려는 그 마음이 저는 정말 아름답다고 생각합니다. 원래 작은 힘들이 모여 큰 변화를 일으키는 법이니까요. 저는 여러분이 우리는 모두를 위해 가치 있는 선택을 할 수 있는 더 가치 있는 시민들이라는 점을 항상 기억하고 있었으면 정말 좋겠습니다.

"짐승은 먹이를 먹고, 인간은 음식을 먹는다. 교양 있는 사람만이 비로소 먹는 법을 안다." 프랑스의 음식평론가인 브리야 사바랭이 했던 말입니다. 우리 다 같이 공생을 위해 나의 이웃과 지구를 살리는 윤리적 소비를 하는 교양 있는 사람이 됩시다. 저의 의견에 조금이라도 동의하신다면 오늘 저녁은 오직 순수한 식료품으로만 요리해보는 건 어떨까요? 정말 근사하지 않나요?

이 책을 읽고 함께 토론해봅시다

- 여러분의 식탁을 살펴봅시다. 여러분의 식탁에서 각각의 재료가 어디서 왔는지, 그 재료 속에 GMO 식품이 있는지 책에 나오는 정보를 바탕으로 분석해보세요. 그리고 GMO가 우리의 식탁 속에 얼마나 있는 것 같은지 자신의 의견을 써보세요.
- 요즘 우리는 방송에 나온 맛집에 몇 시간씩 줄을 서는 것이 기본이고, 얼마나 많이 먹고 얼마나 매운 것을 먹는지를 경쟁적으로 방송하는 모습을 보며 즐기기도 합니다. 먹는 것은 이렇게 쾌락적인 의미밖에는 없을까요? 먹는 것은 분명 맛을 느끼고 배를 채우는 일 말고도 여러 의미가 있을 거예요. 여러분에게는 음식이 어떤 의미가 있나요?

함께 읽으면 좋은 책

『먹는 인간』, 헨미 요 지음, 박성민 옮김, 메멘토, 2017

『철학자의 식탁에서 고기가 사라진 이유』, 최훈 지음, 사월의책, 2012

바다가 아프면
우리도 아프다

『플라스티키, 바다를 구해줘』

· 김보민(15세) ·

책 속의 한 문장 ▸▸ "플라스틱 음료수병의 잔해들이 목에 걸린 거북이들이 숨이 막혀 죽어간다. 돌고래들은 버려진 낚시 그물에 몸이 얽혀 익사한다. 포유류인 돌고래는 물 밖으로 나와 숨을 쉬어야 하는데 그걸 할 수 없었던 것이다. 바닷새들 역시 낚싯줄에 날개가 얽혀 물에 빠지고 만다. 매년 70만~100만 마리에 달하는 바닷새들이 버려진 낚싯줄이나 비닐봉지 같은 해양 쓰레기들 때문에 죽어가고 있다. 그리고 10만 마리 이상의 해양 포유류들 역시 매년 같은 이유로 죽어간다."

"플라스틱에게는 죄가 없다. 플라스틱의 놀라운 특성은 의학과 과학기술, 오락, 그리고 교통 등 현대 사회의 모든 측면에서 엄청난 진보를 이루게 해주었다. 문제는 플라스틱이 유용한 일생을 끝마치고 폐기될 때의 과정이 잘못되었다는 사실을 우리가 제대로 이해하지 못하고 있다는 점이다."

『플라스티키, 바다를 구해줘』,
데이비드 드 로스차일드 지음, 우진하 옮김, 북로드, 2013

지구의 70%를 차지하고 있는 바다. 이 넓은 바다 속에는 다양하고도 많은 바다 생물들이 살아가고 있습니다. 하지만 사람들에 의해 땅, 대기와 함께 바다도 오염되고 있습니다. 그런데도 대부분의 사람은 바다는 재생능력이 있으니까 괜찮다고 생각합니다. 그래서 쓰레기를 많이 버리는 것일까요? 바다의 재생능력도 한계가 있는데 말이죠.

해운대나 광안리 등 유명한 바닷가는 사람들이 먹고 버리고 간 쓰레기들이 넘치고, 외진 바닷가를 거닐다 보면 페트병, 샴푸 용기, 비닐 등 쓰레기들이 미역 대신 계속 밀려들어 옵니다. 쓰레기들이 바다의 환류를 따라 모여들어, 전 세계 바다 곳곳에 플라스틱섬이 있다는 소식은 이제 크게 놀랍지도 않습니다. 바다는 이제 거대한 플라스틱 스프가 되어, 물고기 반, 플라스틱 폐기물 반이라고 해도 과언이 아닌 것 같습니다.

『플라스티키, 바다를 구해줘』에는 플라스틱으로 오염된 바다의 심각성을 알리기 위해 플라스틱으로 만든 배로 항해한 기록이 담겨 있습니다.

이 책에는 굉장히 다양한 정보들이 소개되어 있어요. 그중 제가 가장 주목한 사실은 해양오염의 80%는 육지에서 시작된다는 점이에요. 이 말은 사람이 시작한 일이라는 것입니다. 지금 바다는 사람들이 흘려보낸 쓰레기로 넘쳐나서 바다 생물들이 살기가 힘듭니다. 남아프리카에 서식하는 갈매기의 뱃속에서는 평균 30조각이 넘는 플라스틱이 발견되고, 죽은 채 떠밀려온 고래의 뱃속에는 비닐봉지, 플라스틱 통, 캔, 심지어 양말까지 들어 있었다 합니다. 이것 외에도 하와이에서 발견된 바다거북의 뱃속에서는 플라스틱이 1,000조각 이상 발견되기도 합니다. 그리고 스티로폼을 먹어 가라앉지 못해 먹이를 못 먹어서 굶어 죽는 거북이도 많습니다. 이렇듯 물고기뿐만 아니라 많은 바다 생물들이 플라스틱 때문에 아파하고 있습니다.

어류들은 쓰레기에 고통을 받는 동시에 그들이 다니는 길목마다 설치된 그물에 걸리고 맙니다. 이리로 가도 그물, 저리로 가도 그물. 어류들은 이 그물들을 피하기가 어려운데, 설상가상으로 사람들은 최첨단 장비를 사용해서 물고기 떼가 어디 있는지, 어디로 이동하는지 파악하며 그물을 친다고 합니다. 제 아무리 재빠르다 하여도 결국 그물에 걸려 바다 위로 올라오게 됩니다. 이렇게 잡히는 어류는 정말 많습니다. 사람들은 무분별하게 고기를 잡아 올리죠. 참치나 황다랑어 같은 물고기들은 떼를 지어 다니니 한 번에 많이 걸릴 수 있게 사람들은 더더욱 그물을 열심히 칩니다. 그리고 사람들이 더 잔인한 것은 어류의 먹이사슬 꼭대기에 있는 포식자 상어에게 하는 일입니다. 사람들은 상어지느러미를 얻기 위해 상어를 잡아들인 후 지느러미만 자르고 몸통은 바다로 다시 버립니다. 그러면 상어는 헤엄도 못 치고 계속 바다 밑으로 가라앉아 죽게 됩니다. 이렇게 어류들은 불필요하게 많이 포획되고 있고, 너무나 비참하게 죽어가고 있습니다. 그래서 점점 바다가 비어갑니다. 바다 생물들로 활기를 띠던 바다가 플라스틱 폐기물로 가득해지고, 사람들의 욕심으로 더러워져 갑니다.

플라스틱을 쓰지 않으면 이 문제가 해결될까요?

지구 생태가 파괴되고 있다는 것은 초등학교 1학년 학생들도 알 정도입니다. 학교에서는 환경이 파괴되는 것에 대하여 교육을 하고, '일회용품 사용을 줄이자, 자원을 아끼자'라는 내용의 광고는 널리 퍼지고 있습니다. 매체가 발달된 지금, 우리는 관심만 있다면 우리 주변에서 어떠한 생명들이 고통받고 있는지, 그 고통을 어떻게 멈출 수 있는지 손가락 몇 번만 움직이면 쉽게 알 수 있습니다. 하지만 많은 사람은 그 불편한 진실들을 알고 싶어하지 않고, 알고도 그 상황을 모른 척 외면합니다. 북극곰이 더워서 헥헥거리는 상황이 만들어진다는 걸 알면서도, 우리는 단지 나중에 시원하고 싶어서 교실에 에어컨을 틀어놓고 야외 수업에 나갑니다. 단지 귀찮다는 이유로 비닐봉지를 쓰고, 플라스틱 제품들을 사용합니다. 저도 그랬습니다. 저 역시 제 행동이 다른 생명들에게 미칠 영향을 크게 신경 쓰지 않았던 것 같습니다.

그런데 『플라스티키, 바다를 구해줘』를 읽고 나서 저에게 작은 변화가 생겼습니다. 바로 플라스틱 빨대를 쓰지 않으려고 노력한다는 점입니다. 물론 가끔 잊어버리기도 하지만, 생각나는 대로 플라스틱 빨대 대신에 그냥 마시거나 종이 빨대를 이용합니다.

물론 이것이 이 모든 문제를 해결할 방법이 아니라는 것도 압니다. 더 중요한 것은 긍정적이거나 부정적인 영향을 끼칠 수 있다는 것을 인식하고 문제 사실을 깨닫는 것입니다. 현대인들은 불편한 진실을 외면하는 데 익숙해져 있고, 생태 감수성이 메말라 있다고 생각합니다. 책을 읽거나 많은 자료를 보는 것도 중요하고, 가장 효과적인 방법은 사진으로 보는 것이라고 생각합니다. 머리로만 아는 것이 아니라 죄 없고 연약한 생명들이 우리 인간들의 무분별한 행동으로 인하여 어떻게 힘들어하고 있는지 공감하려고 애써야 합니다.

손 쓸 새도 없이, 영문도 모른 채 고통받으며 죽어가는 바다 생물들을 생각해야 합니다. 세계가 하나의 몸이라고 생각한다면 어느 한 곳에 문제가 있더라도 그것은 전체가 아픈 것입니다. 인간은 자연의 일부이고, 자연이 파괴되는 것은 우리 인간이 없어지는 것과 마찬가지입니다.

이 책을 읽고 함께 토론해봅시다

- 이 책에는 다양한 정보와 소식이 나와 있습니다. 책을 꼼꼼히 살펴보고, 새롭게 알게 된 내용이 무엇인지, 인상 깊은 내용이 무엇인지 잘 정리해보세요. 더불어 책에 소개된 내용 중 더 추가된 정보가 있다면 찾아서 친구들에게 소개해주세요.
- '플라스틱으로 죽는 생명 제로 프로젝트'라는 제목으로 기획을 해봅시다. 거리 곳곳에 수북이 쌓여 있는 플라스틱 일회용 컵이 모두 바다로 쓸려가 누군가의 생명을 앗을 수 있다고 생각하면 끔찍합니다. 지금 당장 해결해야 하는 이 문제를 내가, 우리 가족이, 우리 반이 함께 나서서 할 수 있는 일은 무엇이 있을까요?

함께 읽으면 좋은 책

『최원형의 청소년 소비 특강』, 최원형 지음, 철수와영희, 2017

『플라스틱 없는 삶』, 윌 맥컬럼 지음, 하인해 옮김, 북하이브, 2019

금강요정과 함께하는
우리 강 파헤치기

『위대한 강의 삶과 죽음』

◦ 전태화(15세) ◦

책 속의 한 문장 ▸▸ "현장에 있던 계약직 금강지킴이의 눈물이 터졌다. 서러움에 북받친 그는 "죽어가는 물고기 세 마리를 살리려고 집으로 옮겨서 애쓰고 있는데… 금강에 나올 때마다 물고기들이 떼죽음을 당해 있어 너무 마음이 아프다"며 닭똥 같은 눈물을 쏟았다. 내 눈물샘도 터졌다. 우리는 서로를 부둥켜안고 강변이 떠나가라 목소리를 높여 울었다. 나는 그날 퉁퉁 부은 눈으로 강변에서 기사를 쓰고 죽음의 잔해가 남아 있던 풀밭에 쓰러져 아침을 맞았다. 그날은 악몽을 꾸지 않았다. 한숨도 자지 못했기 때문이다. 썩은 내가 풍기는 강변에서 나 혼자 살아 있다는 것이 악몽이었고 치욕이었다."

『위대한 강의 삶과 죽음』, 김종술 지음, 한겨레출판, 2018

2008년 말부터 2012년 봄까지 무려 3년 4개월 만에 총 22조 원의 사업비를 투자해 밀어붙인 4대강 사업. 이후 손쓸 수 없을 만큼 거대한 규모의 녹조가 매년 일어났고, 달라진 수심과 유속으로 생태계 혼란이 야기되었으며 홍수와 가뭄에 취약해 수많은 농민과 어민이 고통받았습니다. 이 허술한 사업 때문에 우리는 이미 너무나 많은 것을 잃었고, 그에 대한 철저한 반성과 대책이 필요하다는 것을 '금강요정'을 자청하는 김종술 선생님은 절박하게 말합니다.

이 책은 자연과 인간과의 관계를 다시 한번 생각하게 함과 동시에 참된 기자의 상이 무엇인지도 직접 보여줍니다. 정부 혹은 이해관계에 놓인 사람들로부터 4대강 사업 기사를 쓰지 말라고 심각한 협박을 받으면서도 계속해서 신문사를 운영했고, 신문사가 망하고 나서도 편안한 삶을 저버리고 강을 찾아다니셨습니다. 차에 기름이 떨어질 때면 걸어 다니셨고, 강에서 밤을 지새우는 일은 다반사였습니다. 이러한 경험과 조사로 물고기가 죽는 원인이 강이 흐르지 않아 산소를 공급받지 못했기 때문이라고 하는 것, 금강에서만 60만 마리 이상의 물고기가 죽었다는 것, 3마리 이상만 나와도 4급수인 붉은 깔따구가 수십 마리가 나왔다는 것을 밝혀내셨습니다.

그런데 정부가 발표하고 언론이 보도한 내용은 이와는 정반대였습니다. 이렇듯 김종술 선생님이 직접 찾은 것들에 대한 정보는 그 어느 곳에서도 찾을 수가 없었지요. 전문가에게 조사를 의뢰하고 싶었지만, 아무도 받아주지 않았습니다. 그래서 큰빗이끼벌레를 발견하고 정체를 알 수 없으니 직접 먹어보기도 하고, 녹조로 가득한 물이 안전하다고 정부가 계속 발표를 하니 확인을 위해 직접 마셔보기도 합니다. 그러자 자신의 몸에서 두드러기나 고열 증상 등이 나타났고, 정부의 발표가 사실이 아님을 증명하게 되었지요. 그래서 김종술 선생님은 다른 그 누구의 말도 절대 직접 확인하기 전까지는 믿지 않는다고 하십니다.

참된 기자는 결코 남의 말에 의존해서는 안 됩니다. 의문점이 생기면 끝까지 그것을 파고들어야 하고, 누구 하나 알려주는 사람이 없다고 하더라도 결코 포기해서는 안 됩니다. 자극적인 제목으로 조회 수만을 올릴 생각을 해서는 안 되고, 가십거리만을 담은 기사는 좋은 기사가 될 수 없습니다. 좋은 기사를 쓸 수 있는, 진짜 우리가 알아야 할 정보를 제공해주는 기사를 쓰는 좋은 기자. 그 표본이 바로 김종술 선생님이라고 생각합니다.

인간은 자연을 지켜야 하나요? 자연과 공생하는 방법은 무엇인가요?

4대강 사업은 절대로 다시 일어나서는 안 되는 비극이라고 생각합니다. 몇몇 사람의 이기심이 강을, 자연을, 생명을, 사람을, 공동체를 파괴했습니다. 강에서 파낸 모래는 강 밖으로 나오자마자 지하수를 오염시키고 피부병을 일으키는 골칫덩이가 되었습니다. 깊어진 수심에 물고기는 숨이 막혀 죽어갔고, 독성의 이끼들만 잔뜩 강을 메웠습니다. 4대강 사업으로 보상받은 사람과 받지 못한 사람이 대립하고, 농지를 일구며 잘 살아오던 이들이 도시로 쫓겨나 빈민으로 전락했습니다. 국가가 자연과 사람들에게 무차별 폭행을 한 것입니다.

여기서 우리가 생각해보아야 할 지점은 자연과 인간의 관계입니다. 우리는 도대체 지금까지 무엇을 잊고 살아온 것일까요? 무엇이 중요하다고 생각하기에 자연과 생명을 돈으로 바꾸었을까요? 그러한 돈을 받고 행복할지, 과연 돈이 무엇이길래 그렇게까지 했는지 짐작조차, 이해조차 할 수 없습니다.

하지만 이미 그런 가치가 우위에 점하고 있다면 설명할 수 있어야 할 것입니다. 우리에게 자연이란 무엇이고, 왜 중요할까요? 인간과 자연은 떼려야 뗄 수 없는 존재입니다. 자연은 밖에서 멀찍이 떨어져 바라보아야 할 것이 아니라, 우리가 자연이라는 공간 속에 속해 있는 것입니다. 파괴된 강의 모습이 처참한 것은, 우리 삶 역시 그러하다는 뜻입니다. 강바닥이 시멘트로 덮여 있고, 흐르지 못해 썩은 물에서 풍기는 냄새는 100m밖에서도 맡을 수 있습니다. 차를 타고 지나갈 때는 전혀 문제없어 보이지만 한 발자국 들어가 보면 그 현실의 참혹함을 깨달을 수 있습니다.

미국의 사상가인 헨리 데이비드 소로는 문명에 반대하며 월든이라는 오두막집에서 자급자족의 삶을 실천했습니다. 또 환경운동가인 레이첼 카슨은 자연을 보고 경탄하는 것, 순수한 어린아이의 눈으로 자연을 보고 느끼는 것이 중요하다고 이야기했지요. 생물학자 에드워드 윌슨도 우리의 삶이 유한해 보이지만 자연을 탐구하면 지구 전체로서 우리가 보이고, 이것은 삶의 유한함에 대한 희망을 준다고 말했습니다. 우리 스스로를 지켜낼 필요가 있습니다. 이것은 해도 되고 안 해도 되는 문제가 아니라, 삶의 문제이고 생존의 문제라는 것을 하루 빨리 깨달아야 합니다.

이 책을 읽고 함께 토론해봅시다

- 여러분에게 자연의 의미는 무엇인가요? 자연과 인간과의 관계에서 우리가 잊고 있었던 것은 무엇인가요? 앞으로 자연에 대한 우리의 태도는 어떠해야 할까요?
- 산과 강과 바다에 직접 가봅시다. 자연 그대로의 모습에서 어떤 점을 느꼈나요? 혹은 인간의 힘으로 변해버린 자연이 겪고 있는 고통이 무엇인지 눈으로 귀로 직접 확인해 보는 시간을 함께 가져봅시다.

함께 읽으면 좋은 책

『쫓기는 새』, 최성각 지음, 실천문학사, 2013

『하늘을 달린다』, 이상권 지음, 자음과모음, 2011

안전을 내건 도박, 올인하시겠습니까?

『탈핵 학교』

• 김주영(15세) •

책 속의 한 문장 ▸▸ "흔히 원자력발전소라는 표현을 쓰는데, 여기서 원자력이란 완전히 잘못된 말입니다. 핵에너지는 원자력이 아닙니다. 원자력이란 원자끼리 작용하는 힘을 가리키는데, 그것은 본질적으로 전자기력입니다. 원자의 주위에 전자가 있는데, 이 전자와 원자핵 사이의 힘이 바로 전자기력이지요. 그런데 핵에너지와 관련된 힘은 전자기력이 아니라 핵력, 곧 강상호작용입니다. 원자의 가운데에 있는 원자핵 안에 양성자와 중성자들을 강하게 묶는 힘이 핵력이지요. 다시 강조하면 핵에너지는 원자핵에서 나오는 것으로서 핵과 원자는 다른 것입니다. 그리고 에너지와 힘도 다른 양입니다."

"핵발전소는 마치 거대한 코끼리 같아 보입니다. 아무리 흔들어도 끄떡없을 것 같지요. 하지만 이 코끼리는 앞으로 수명이 70년도 채 남지 않았습니다. 탈핵의 움직임에 한 번만 동참하면 우리 모두 승자가 될 수 있습니다. 우리와 미래 세대의 건강을 생각한다면 탈핵만이 유일한 해결책입니다."

『탈핵 학교』, 김익중, 김정욱 외 10명 지음, 반비, 2014

건강검진을 하면 암 발병률이 높아질 수도 있다는 사실을 아시나요? 매년 건강검진을 받을 때, 이때 10mSv/yr 정도의 방사능에 노출됩니다. 그리고 담배를 매일 한 갑 반씩 피운다면 최대 피폭량은 70mSv/yr가 됩니다. 핵발전소 근무자의 3.5배에 달하는 수치입니다. 이 사실은 저를 충격에 빠트렸습니다. 『탈핵 학교』는 이처럼 방사능과 관련한 사소한 지식부터 핵발전에 의존적인 우리 사회의 다양한 문제를 다루고 있습니다. 그렇다면 여기서 '핵발전' 혹은 '핵에너지'란 무엇일까요?

우라늄(U), 플루토늄(Pu)과 같이 무거운 원자핵이 중성자를 흡수하면 원자핵이 쪼개지는데, 이를 핵분열이라고 합니다. 무거운 원자핵이 분열하면 많은 에너지와 함께 2~3개의 중성자(전기를 띠지 않는 원자핵 구성 물질)가 나오고, 이 중성자가 다른 무거운 원자핵과 부딪치면 또다시 핵분열이 일어납니다. 이런 식으로 계속해서 핵분열이 이어지는 것을 '핵분열 연쇄반응'이라고 하며, 이 과정에서 생기는 거대한 에너지가 바로 핵에너지입니다. 즉, 핵발전은 우라늄, 플루토늄 등이 계속해서 분열하면서 방출하는 열로 물을 끓이고 여기서 발생하는 증기로 터빈을 돌려 전기를 생산해 내는 방식을 말합니다. 문제는 한번 태우기 시작한 우라늄과 플루토늄이 꺼지지 않는다는 것입니다. 이들은 안정적인 물질이 되려고 계속 몸부림칩니다. 한 번 반응을 시키면 잘 꺼지지 않는 데다가, 효율적인 에너지 수급을 위해 계속 반응을 시키니 쓰나미나 지진이 오면 사고를 막을 방법이 없습니다.

우리는 '설마 그런 사고가 일어나겠어'라는 생각으로 문제를 외면합니다. 하지만 이미 우리와 같은 생각으로 끔찍한 사고를 겪은 도시들이 있습니다. 바로 체르노빌과 후쿠시마입니다. 그들의 목소리에 이제 귀를 기울여야 합니다. 역사는 우리에게 경고합니다. 생명을 내건 도박에는 절대 승리할 수 없다고 말이죠.

우리는 왜 핵발전소의 문제에 무관심한 걸까요?

핵발전소 사고 방재 대책 예산은 35억 원인 반면, 홍보비용은 85억 원입니다. 사람들이 핵발전소에서 일어나는 문제들보다, 핵발전소의 이로움과 유용함을 더 쉽게 접할 것이라는 말이죠.

그러나 현실은 핵발전소의 사고 위험에 언제나 노출되어 있습니다. 핵발전소가 폭발하면 매우 큰 피해가 일어납니다. 핵발전소 사고가 일어나면(고리 기준) 반경 30km 안에 있는 사람 수만 해도 343만 명이 됩니다. 체르노빌에서는 아직도 하루 평균 7200000000000bq의 방사능이 배출됩니다(2018년 기준). 이는 하루에 배출된 방사능이 1초에 72조 번 분열된다는 소리입니다. 방사성 원소는 분열될 때마다 방사능을 뿜어냅니다. 그래서 이곳에 농산물을 심으려면 920년 후에나 가능하다고 합니다. 물론 그마저도 잘 안 자라겠죠.

핵에너지는 효율적인 에너지원이기는 하나, 문제가 발생하면 너무 큰 위험을 떠안게 됩니다. 위험성과 비교해 관리는 너무나 부실하고요. 우리는 이런 현실에 무감각합니다. 그래서 탈핵을 외치는 사회 각계각층의 저자들이 함께 『탈핵 학교』라는 책을 냈습니다. 더 많이 궁금해하고, 더 잘 알기 위해 노력해야 한다는 뜻이겠죠. 우리는 단 하루라도 전기가 없는 삶을 상상할 수 없습니다. 그러나 그 에너지가 어디서 오는지 한 번도 상상하지 않는 것은 모순적입니다. 지금이라도 우리가 누리는 편리함이 어디에서 오는지 다시 생각하고 토론해보면 좋겠습니다.

이 책을 읽고 함께 토론해봅시다

- 책에는 핵발전과 관련한 우리가 미처 알지 못했던 정보들이 많습니다. 책을 읽으며 새롭게 알게 된 사실을 정리해보세요. 신문, 뉴스, 방송 등을 찾아보며 책이 나온 이후에 새롭게 일어난 일, 변화한 일, 또 여전히 바뀌지 않는 것들 등 여러분이 생각할 때 꼭 모두와 공유해야 하는 소식을 정리해보세요.
- 핵발전소를 정당화하는 논리는 '다른 방식으로는 그만큼의 에너지 소비를 감당할 수 없다'는 것입니다. 그렇다면 우리가 어디에 얼마만큼의 에너지를 소비하고 있는지를 다시 생각해보아야 할 것입니다. 우리는 하루에 얼마만큼의 전력을 사용하고 있을까요? 핵발전소 없이 살아가기 위해 우리가 해야 할 노력은 무엇일까요?

함께 읽으면 좋은 책

『3.11 이후를 살아갈 어린 벗들에게』, 다쿠키 요시미쓰 지음, 윤수정 옮김, 돌베개, 2014

『후쿠시마에 남겨진 동물들』, 오오타 야스스케 지음, 하상련 옮김, 책공장더불어, 2013

아름다운 밤과 마주한 나

『마우나케아의 어떤 밤』

• 김윤성(15세) •

책 속의 한 문장 ▸▸ "'밤은 형태를 감추고, 소리에 두려움을 부여한다. 그러면 상상력이 발동한다. 비록 그것이 숲속 깊은 곳에 있는 나뭇잎 하나에 대한 상상력이라 할지라도… 상상력이 오장육부를 거칠게 뒤흔들어놓으면 모든 것이 과장된다. 신중한 인간은 경계심을 발동시킨다. 비겁한 인간은 돌연 말을 멈추고 몸을 떨거나 도망친다. 용감한 자는 검의 날 밑에 손을 갖다 댄다.' (드니 디드로)

밤을 사랑하는 것, 그리고 밤을 살아가는 것… 이는 우리 지구의 동물과 식물을 찬양하는 것이기도 하다. 자연의 거대한 리듬을 존중하는 것이며, 엄청난 천지창조의 모험을 찬미하는 것이고, 또한 우리를 우주와 연결하는 시적, 정신적 감정을 보호하는 것이다."

『마우나케아의 어떤 밤』, 트린 주안 투안 지음,
이재형 옮김, 파우제, 2018

지구는 자전하면서 낮과 밤을 만들어냅니다. 같은 곳이라도 전혀 다른 세상으로 만들어버리는 낮과 밤이라는 두 시간대는 지구가 창조해낸 마법 같습니다. 낮에는 태양에 가려 눈 씻고 찾아봐도 안 보이는 별은 어두운 밤이 되면 그 빛을 더 밝게 보여줍니다. 하지만 우리는 이런 광경을 더 이상 우리가 사는 곳에서는 볼 수 없습니다. 우리의 밤은 별빛 대신 간판과 건물에서 나오는 인공 빛으로 채워졌고 별은 밤에도 빛나지 못하게 되었습니다.

하지만 이 지구상에 모든 곳이 그런 것만은 아닙니다. 아직은 별들이 하늘을 메우며 밤하늘을 밝히는 아름다운 풍경을 간직한 곳이 존재합니다. 그중 한 곳이 하와이에 위치한 마우나케아산입니다. 해발 4,207m의 이 산은 기온 역전에 의해 두꺼운 구름층이 생성되어 있고 대기오염 물질과 습기를 막고 있는 이곳은 천문 관측을 하기에 부족한 것이 없는 곳입니다. 아직 해질 무렵인데도 별들이 하늘을 채우고 있는 사진으로 가득한 책을 읽으면서 황홀한 느낌이 들었습니다. 사진이 이 정도인데 직접 가서 본다면 어떨지 매우 궁금했습니다. 저는 그 무엇도 자연의 아름다움을 제대로 표현할 수 없다고 생각합니다.

나는 어디에서 왔을까요? 우주 저 너머에는 무엇이 있을까요?

밤하늘 너머에는 끝없이 펼쳐진 우주가 있고 그 우주에는 셀 수 없이 수많은 별이 있으며 그 별들은 또 셀 수 없이 많은 은하계를 이룹니다. 우리는 저 하늘 너머의 세계에 무엇이 있는지 잘 알지 못합니다. 그러나 우리 몸을 이루는 원소는 우주로부터 왔습니다. 우리 몸속 철은 심지어 태양 질량의 10배인 항성이 핵융합으로 만든 가장 무거운 질량의 원소입니다. 우주를 생각하면 무한하게만 느껴지고 자신이 점보다도 못한 존재가 되는 느낌을 받는 순간이 많습니다. 하지만 나를 이루고 있는 것들이 어디에서 왔는가를 따져볼 때 우주가 나를 만들었고 별들의 탁아소인 성운이 나를 낳은 곳이라는 생각을 하면 왠지 내가 하나의 소우주가 된 느낌이 듭니다. 이렇게 생각하면 언젠가는 맞이할 나만의 영원한 밤, 죽음이 두렵지만은 않습니다. 나를 이루고 있던 수소는 지구 밖을 나가 다른 은하로 갈 수도 있기 때문입니다.

미지의 세계를 더 자세히 들여다볼 수 있는 시간은 주로 밤입니다. 밤은 끊임없이 변하고 있습니다. 우리가 눈치채지 못하는 사이 조금씩 움직이고 있다고, 조금씩 달라지고 있다고 말합니다. 큰 것도, 작은 것도 영원한 것은 없습니다. 수많은 우주의 구성체들은 서로 영향을 주고받으며 무엇인가를 만들어내고, 사라지게 합니다.

이것이 마치 하나의 가치와도 비슷하다고 생각합니다. 변화한다는 것은 단순히 변하는 것으로 끝나지 않아요. 가치를 내포하고 있는 것들은 어떤 형태를 남기고 개인에게 남겨진 형태는 결코 그 이전으로 되돌아갈 수 없습니다. 사랑, 정의, 희망, 연대, 그외 수많은 인류 보편의 가치들. 그런 과정에서 가치는 시대를 지나며 그 모습이 바뀌어 갑니다. 각각의 시대에서 원하는 정의의 모습은 다르고 그것들이 모여 다시 새 시대의 정의가 생겨납니다. 하지만 그 궤도는 언제나 더 넓어지고 깊어집니다. 우주의 원리처럼 말이지요.

이 책을 읽고 함께 토론해봅시다

- 트린 주안 투안은 이 책에서 어두운 '밤'이 지닌 수수께끼들을 다양한 관점에서 밝혀두었습니다. 밤의 신비로움에 관한 저자의 설명 중에 새롭게 알게 된 사실들과 밤에 관한 의미를 발견한 것이 있다면 기록해봅시다.
- '내가 갖고 있는 밤에 대한 기억'을 적어봅시다. 트린 주안 투안은 어린 시절을 포탄 소리가 끊이지 않는 베트남 전쟁 속에서 보냈습니다. 그렇기에 그에게 밤은 곧 위험 그 자체였습니다. 하지만 시간이 흐르며 밤은 두려움의 시간에서 신비로운 시간으로 바뀌게 되지요. 여러분에게도 밤에 대한 기억과 이야기가 있다면 들려주세요.

함께 읽으면 좋은 책

『우리는 스스로 빛나는 별이다』, 이광식 지음, 샘터, 2019

『이명현의 별 헤는 밤』, 이명현 지음, 동아시아, 2014

동물과 사람이 공존하는 세상을 만들기 위하여

『세실의 전설』

· 우승현(15세) ·

책 속의 한 문장 ▸▸ "사냥꾼이 프라이드의 우두머리 수사자를 살해한 여파로 암사자는 새끼들을 데리고 나와 사람과 가축이 사는 마을을 위험하게 전전하다가 결국 다른 영역의 수사자에게 새끼들을 잃는다. 무리에서 갓 나온 젊은 수사자들도 마찬가지다. 주변의 노련한 수사자들에 쫓기다가 사람의 마을 근처로 몰리고 만다. 사람들은 사자 때문에 불안에 떨고 가축과 사자 모두 공포의 제물이 된다. 예로부터 맺어 온 인간과 사자의 평화로운 관계는 지금 비극의 한가운데를 통과하고 있다. 사냥꾼이 미국 텍사스의 집에 돌아가 행복감에 젖어 위스키에 얼음을 떨어뜨리고 있을 때, 아프리카의 새끼 사자들에게는 죽음이 달려오고 있는 것이다."

『세실의 전설』, 브렌트 스타펠캄프 지음,
남종영 옮김, 사이언스북스, 2018

동물의 왕이라고 불리며 용기와 강력한 힘을 상징하는 사자는 오늘날 고작 2만 마리만 남았다고 합니다. 그들은 여전히 용맹하지만, 인간의 탐욕 때문에 역사 속으로 사라지고 있습니다. 우리는 흔히 동물을 어리석다고 생각합니다. 하지만 사실상 그런 얘길 하는 우리도 동물들과 별반 다를 게 없습니다. 오히려 악한 마음을 갖지도 않고 불필요한 일을 하지 않으니 "동물이 사람보다 낫다"라는 말이 만들어질 정도로요.

혹시 세실이라는 이름을 들어본 적 있으신가요? 세실은 짐바브웨의 상징이자 모두에게 사랑받는 사자였습니다. 그러나 그는 오락으로 사냥을 하는 트로피 사냥꾼의 총에 맞고 죽음을 맞이했습니다. 세실은 잘생겼기 때문에 사람들의 사랑을 받았지만, 그 이유로 표적이 되어 죽임을 당한 것입니다. 모두 그 사냥꾼에게 손가락질할지도 모르지만, 세실을 죽인 것은 그 한 사람뿐만 아니라 어쩌면 우리 모두일 수도 있음을 알아야 합니다. 우리는 왜 사자를 재미로 죽일 수 있는 사회에서 살고 있을까요?

세실의 죽음이 어떻게 시작되었고 그리하여 무엇을 남겼는지, 세실의 마지막을 기록한 사람이 있었습니다. 그 덕에 우리는 이 죽음의 아주 자세한 내막을 알 수 있었고, 이에 대해 분노할 수 있었습니다. 세실의 죽음은 전 세계 사람들의 분노를 들끓게 했고 미국 어류및야생동물관리국(USFWS)은 아프리카 사자를 멸종 위기종으로 지정했으며 사냥을 위해 길러진 사자들의 수입도 금지하였습니다.

저자 브렌트 스타펠캄프는 단순히 트로피 사냥이나 세실의 죽음에 대한 책을 쓰려 하지 않았습니다. 그는 세실의 소소한 삶에서 행복과 아름다움을 보았고 거기에 감명을 받았습니다. 세실이 사자 중에서도 유명하긴 했지만, 사실 우리에게 한 마리의 사자일 뿐입니다. 하지만 그래도 누군가에게 세실은 특별한 존재였습니다. 우리 삶에도 세실 같은 존재가 있지 않을까요? 우리에게 작더라도 어떤 의미를 주는 그런 존재, 우리가 별로 중요하게 생각하지 않고 당연하다고 생각했지만 이제는 사라져버린 존재에 대하여 생각해봅시다.

인간과 동물의 공존은 어떻게 가능할까요?

동물들은 인간보다 못하다, 덜 중요하다고 생각하는 사람들도 있을 것입니다. 하지만 생명의 무게는 측정할 수 없습니다. 우리는 지구에 사는 생명체들을 존중할 수 있어야 합니다. 동물은 멀리 있지 않습니다. 가까이 있는 길고양이만 봐도 그렇습니다. 사람들은 길고양이가 더럽다고 멀리하고 심지어 학대하기도 합니다. 하지만 우리가 그들에 대한 시선을 조금만 바꾸어도 도와주는 사람이 생길 것이고 우리와 같은 한 생명임을 알 수 있을 것입니다.

인간이 동물들과 공존하기 위해서는 먼저 인간과 동물에게 모두 생명으로서 존엄성이 있다는 것을 깨달아야 합니다. 동물을 인간의 소유물이나 장난감으로 보면 안 됩니다. 우리가 진정으로 동물들과 공존할 때 인간과 동물 모두가 평화롭고 행복하게 살 수 있는 세계를 만들 수 있습니다.

세실이 죽임을 당했을 때, 동료였던 수사자 제리코는 세실의 가족들을 돌보아주었습니다. 사자 무리 중 제왕이었던 세실이 죽었기 때문에, 세실의 자식들을 죽이거나 쫓아내는 것이 원래 사자 세계의 질서이지만, 인간에게 무자비하게 죽임을 당한 세실의 죽음을 안타까워한 것일까요, 제리코는 세실의 빈자리를 묵묵히 채웠습니다. 제리코의 이 모습이 우리가 잃어버린 가치라고 생각합니다. 동료의 죽음에 슬퍼하고 그 빈자리를 채워 약자를 돌보는 의리와 책임감. 우리가 세실의 죽음을 기억하는 것은 바로 우리가 잊고 있었던 가치를 다시 찾는 일과 같습니다.

이 책을 읽고 함께 토론해봅시다

- 무언가의 마지막을 기록한다는 건 소중한 기회임과 동시에 비참한 진상을 알 수 있는, 그래서 더 마음 아픈 일이기도 한 것 같습니다. 그 무언가를 사랑하면 더 사랑할수록, 기억하려 하면 할수록 말이죠. 만약 여러분이 무언가의 마지막을 기록하게 된다면, 무엇을 기록하고 싶나요?

함께 읽으면 좋은 책

『바그다드 동물원 구하기』, 로렌스 앤서니 지음, 고상숙 옮김, 뜨인돌, 2019

『세상은 보이지 않는 끈으로 연결되어 있다』, 최원형 지음, 샘터, 2016

사라지는 동물들 사이에서
인간은 어디로 갈 것인가?

『내 이름은 도도』

◦ 김세영(18세) ◦

책 속의 한 문장 ▸▸ "인간은 따뜻함과 잔인함, 아름다움과 추악함이라는 상반된 감정을 한꺼번에 가지고 있으며 그것들이 교차되어 나타난다. 이처럼 비열하고 어리석고 가련한 토비아스는 바로 우리 모두의 모습이다. 사실 우리는 사랑을 앞세워 타인에게 상처 입히고 다른 생물을 해치고 있다."

『내 이름은 도도』, 선푸위 지음,
허유영 옮김, 청림출판, 2017

영어 표현 중 'As dead as a dodo'이라는 숙어를 아시나요? 직역하면 '도도새처럼 죽은'이라는 의미를 가진 이 숙어는 '멸종해버린', '잃어버린 모든 것은 다시 돌아오지 않음'이라는 의미가 있습니다. 실제로 멸종해서, 다시는 돌아오지 않는 도도새를 사용한 표현입니다.

『내 이름은 도도』에서는, 방금 소개한 숙어의 주인공인 도도새를 시작으로, 여행비둘기, 후이아 등 다양한 동물들을 소개하고 있습니다. 이들은 모두 인간 때문에 멸종했거나, 멸종 위기에 놓여 있는 동물들입니다. 과달루페카라카라가 얼마나 멀리 나는지, 뉴펀들랜드 늑대가 얼마나 영리한지, 또 코끼리새가 얼마나 큰지 우리는 이제 알 수 없겠지요. 책은 수많은 동물이 어떻게 인간의 잔혹함과 이기심으로 사라졌는지 담담하게 설명합니다. 저는 그 부분이 오히려 안타깝게 느껴졌어요.

책에서는 또한 무차별적인 사냥과 몰이해에서 벌어진 행동으로 인해 멸종해버린 동물뿐만 아니라, 서커스단의 호랑이 '쥐쥐'와 동물원의 코끼리 '루마이'의 이야기를 통해 인간의 폭력성에 길들어 본성을 잃어버린 동물들에 대해서도 이야기하고 있습니다. 우리가 사랑이라고 부르는 행동과 생각들이, 실제로는 동물에게 얼마나 폭력적인지, 또 그들이 원래 있어야 할 곳은 어디인지를 잘 알려줍니다. 우리는 이런 걸 몰랐고, 또 알면서도 눈앞의 이익과 귀찮음 때문에 모른척해왔습니다.

제국주의 시절, 인간은 더 많이 차지하고 기록을 세우느라 같이 땅에 발붙이고 살던 생명이 사라지는 것을 알지 못했습니다. 그리고 자신의 가축을 지키기 위해 야생 포식자를 죽이는 것을 서슴지 않았고, 서식지를 잃고 떠돌아다니는 동물들부터 작물을 보호하기 위해 독을 뿌렸습니다. 인간의 욕심은 결국 세계에서 가장 개체 수가 많았던 여행비둘기를 모두 죽이는 데에 성공했고, 배고픔을 잘 견디는 갈라파고스코끼리거북을 굶어 죽게 만들었습니다.

인간의 폭력은 다른 동물들뿐만 아니라 같은 인간에게도 행해졌습니다. 베오투크 원주민, 태즈메이니아 원주민, 아이누족, 마오리족 또한 같은 인간에 의해 사라져버렸습니다. 이토록 잔인한 칼날을 휘두르면서 우리는 여전히 동물을 사랑한다고 말합니다. 동물원에 가두고, 상아와 가죽으로 장식품을 만드는 방식으로 말이죠.

이렇게 사람들은 자기 종족조차도 배척하고 파괴하고 소유하려고 합니다. 이미 우리는 이 모든 것들이 잘못되었다는 것을 알고 있습니다. 하지만 제 일에 파묻혀 신경쓰지 못하고 있습니다. 지금 당장 발에 불이 붙었는데 학교에 가야 한다고, 일해야 한다고 그 발을 끌고 걸어가는 기이한 상황입니다.

이미 떠나버린 동물들을 어떻게 기억하고, 또 어떻게 같은 실수를 반복하지 않을 수 있을까요?

'그레타 툰베리'라는 우리 또래의 소녀에 대해 알게 되었습니다. 그레타 툰베리는 "기후 위기와 같은 더 중요한 문제를 다루지 않는다면 더 배울 필요가 있나요?"라는 질문을 던지며 등교를 거부함으로써 전 지구적 기후 위기가 미래세대에게 가장 중요한 문제임을 세상에 알리고 있습니다. 또한 우리와 미래세대를 위해서, 이 문제에 모두가 적극적으로 나서야 한다고 말하고 있습니다.

저는 그 소녀가 진정 우리에게 필요하고 중요한 일이 무엇인지 정확하게 알고 있다고 생각합니다. 더 이상 많은 생명과 환경이 돌이킬 수 없는 상황으로 빠지기 전에 우리의 노력과 관심이 절실합니다. 우리의 잘못으로 사라져버린 동물들을 끝까지 기억하고 그들을 위해 힘써야 할 필요가 있습니다. 물론, 당장 무언가 거창한 일을 하려고 하면 어렵고 어떻게 해야 할지 모르겠지만, 그렇다고 포기하지는 않았으면 좋겠습니다. 평범한 소녀인 툰베리가 절박했듯, 우리는 이 상황에 대한 절박함을 느끼는 것만으로도 충분하니까요.

이 책을 읽고 함께 토론해봅시다

- 동물이 멸종하는 것은 그 목소리를 사라지게 한 어리석은 인간의 모습이기도 합니다. 우리가 잃어버렸던 가치는 무엇일까요? 멸종하는 동물이 더 이상 없게 하기 위해 인간인 우리가 다시 찾아야 하는 가치가 무엇일지 이야기해봅시다.
- 책을 읽고, 멸종동물의 이야기를 상상하여 써봅시다. 단순히 기록에 남아 있는 숫자나 통계수치가 아니라, 좀 더 자세히 들여다보고 상상해야만 느껴지는 것이 있습니다. 지구에서 살아 숨 쉬고 노래했던 하나의 생명으로 되살려보며, 한때 이 땅에 존재했던 아름다운 존재 그 자체로 기억해봅시다.

함께 읽으면 좋은 책

『빠빠라기』, 투이아비 지음, 최시림 옮김, 정신세계사, 2009

『전설의 고래 시쿠』, 진 크레이그헤드 조지 지음, 이재경 옮김, 별숲, 2015

잃어버린 지구의 절반을 찾습니다

『지구의 절반』

• 이유진 (15세) •

책 속의 한 문장 ▸▸ "지구가 쑥대밭이 되기 전에 파괴를 중단시키려면, 적어도 우리는 우리 종이 정말로 어디에서 왔으며 현재 어떤 존재가 되어 있는지를 생각하는 법을 배워야 한다. 삶의 의미를 이해하려는 것, 우리가 무엇을 알고 어떻게 왜 아는지를 알고 싶은 충동이야말로 모든 과학과 인문학의 원동력이다. 인류 진화의 기본 요소를 이해하고 그것들의 연결 방식에 따라 현명하게 행동하는 것이야말로 고귀한 일이다."

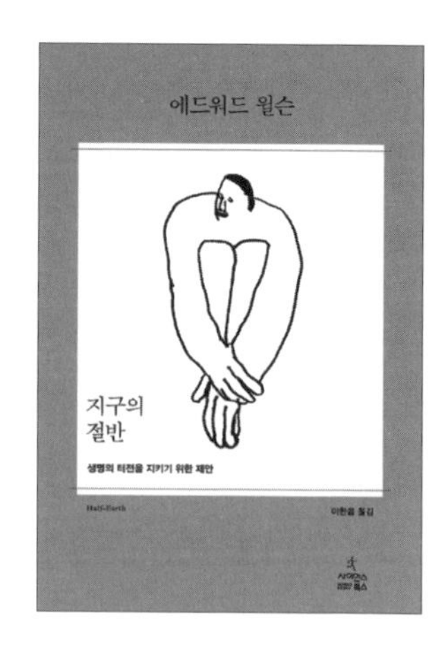

『지구의 절반』, 에드워드 윌슨 지음,
이한음 옮김, 사이언스북스, 2017

여러분은 지구상에서 사람들이 자연 그대로 보호하는 구역이 얼마나 되는지 알고 있나요? 육지의 15%, 바다의 2%가 자연보호구역으로 지정되어 있다고 합니다. 이것을 다시 말하면 우리는 지구의 83%를 쓰고 있다는 말입니다. 지구상에 셀 수 없이 많은 생물 종이 살고 있는데, 인간이 사용하는 곳이 80%가 넘는다니요. 그렇다고 우리가 지구를 소중하게 쓰고 있다고 말하기도 어렵습니다. 인간은 인류의 미래를 위한다는 목적으로 다른 생물들은 신경 쓰지 않고 생명의 터전을 망가뜨렸습니다. 지구 기후를 바꾸고 생태계를 파괴하고, 천연자원을 고갈시켰습니다.

『지구의 절반』의 저자 에드워드 윌슨은 사회생물학의 창시자이자 인문학과 자연과학 사이의 '통섭'을 제창한 생물학자입니다. 윌슨은 오랜 시간 동안 지구에서 인간이라는 종은 어디에서 왔으며 지금 어떤 존재인지 물었습니다. 인간이 지구에 살아온 시기는 매우 짧습니다. 하지만 지구는 인간으로 인해 많이 훼손되었습니다. 윌슨은 지구가 쑥대밭이 되기 전에 파괴를 멈추어야 한다고 말합니다. 삶의 의미를 이해하는 것이 과학과 인문학의 원동력이라면 이를 제대로 공부해서 인간은 현명하게 행동해야 한다고 말합니다.

에드워드 윌슨은 생물 종 다양성을 지키기 위한 프로젝트를 펼칩니다. 특히 『생명의 기억』에서 소개한 아프리카 모잠비크 고롱고사 국립공원 복원 프로젝트는 인간의 가능성을 직접 보여주는 프로젝트입니다. 고롱고사는 1976년 내전이 일어나기 전까지 다양한 생명이 살아가는 곳이었습니다. 하지만 16년간의 내전으로 이곳은 황폐해지고 더는 생명이 살지 않게 되었습니다. 2004년 모잠비크 정부와 에드워드 윌슨, 환경운동가 그레그 카는 고롱고사 국립공원을 회복하는 프로젝트를 진행했습니다. 10여 년이 지난 후 고롱고사는 다시 예전의 모습으로 돌아갔습니다. 인간이 망가뜨린 자연을 인간의 손으로 다시 회복시킨 것이지요. 윌슨은 인간의 시작은 대자연이며, 자연이 없다면 우리에게 어떤 일이 일어날지 예측할 수 없다고 이야기합니다.

에드워드 윌슨은 지구의 절반을 다른 생물들을 위해 쓰자는 원대한 목표를 세웁니다. 바로 이것이 '지구의 절반' 프로젝트입니다. 자연에 대한 위협은 나날이 커지고 있고, 생명체의 종은 급격히 멸종하는 중입니다. 만일 우리가 전 지구적으로 생물 다양성 보호를 서두르지 않으면, 우리는 지구를 이루는 종들의 대부분을 잃게 될 것입니다. 윌슨은 지금 인간이 하는 환경운동보다 더 큰 결단을 내려야 할 때가 왔다고 합니다. 어렵지만 지구의 절반을 보호 구역으로 지정하고 서식지를 보전한다면 현생 종의 약 85%가 살아남을 수 있다고 말합니다. 윌슨이 제안한 이 목표를 달성하는 것은 어려운 일일까요? 윌슨은 마음만 먹으면 할 수 있다고 말합니다. 그리고 이런 결단을 내리는 것이 인류의 가장 위대한 성취가 될 것이라고 말합니다.

우리가 할 수 있는 절반 줄이기는 무엇이 있을까요?

지구의 절반은 내가 쓰는 모든 것을 절반으로, 내가 사용하는 공간을 모두 절반으로 줄이는 일입니다. 저는 우리가 쓰고 있는 것의 절반, 아니 모든 것을 줄이는 것도 그리 힘들지 않다고 생각합니다. 오늘 아침 여러분은 샤워하면서 물을 콸콸 틀어놓지는 않았나요? 용변을 보고 두루마리 휴지를 필요한 것보다 더 많이 풀어서 사용하지는 않았나요? 굳이 먹고 싶지 않은데 편의점에서 1+1로 파는 음료수가 있어서 마시지는 않았나요? 급식을 먹을 때, 욕심이 나서 반찬을 많이 받고 남기지는 않았나요? 꼭 필요하지도 않은데 할인하는 옷을 사지는 않았나요?

오늘 하루 여러분의 일상에서 필요 이상으로 넘치게 사용한 것, 내가 쓴 것 중에서 조금 줄일 수 있는 것은 분명히 있을 거예요. 그리고 이것을 줄여가다 보면 언젠가는 내가 쓰는 대부분을 줄이고, 더 나아가서 지구의 절반을 다른 생명에게 양보하여 그들과 공존하는 지구를 만들 수 있을 것입니다. 지구의 모든 생물을 위해 잃어버린 지구의 절반을 함께 찾아보는 것은 어떨까요?

이 책을 읽고 함께 토론해봅시다

- 에드워드 윌슨은 지구의 절반을 다른 생물들을 위해 쓰자는 원대한 목표를 세웁니다. 지금 환경운동이 현상을 모면하려고만 한다고 말하지요. 윌슨이 제안한 이 목표를 달성하는 것은 어려운 일일까요? 판 자체를 바꾸는 선택은 어떻게 가능할까요?
- 책에서처럼 환경문제 외 사회, 정치, 법, 교육 등 다양한 분야에서 환경 위기를 극복할 수 있는 가능성을 찾아보고, 그 문제를 해결할 수 있는 방법을 윌슨의 방식(원대한 목표)으로 제안해보세요.

함께 읽으면 좋은 책

『생명의 기억』, 에드워드 윌슨 지음, 최재천 · 장수진 옮김, 반니, 2016

『월든』, 헨리 데이비드 소로우 지음, 강승영 옮김, 은행나무, 2011

2부
…
공감, 세상을 바꾸는 아름다운 능력

지구는 더 이상 견디지 못할 만큼 파괴되고 훼손되었습니다. 저 멀리 지구 반대편 열대우림이 사라지고 있고, 바다 한가운데 플라스틱 쓰레기 섬이 끝없이 펼쳐져 있습니다. 이 이야기들이 멀게만 느껴진다면, 지금 내 피부로 느껴지는 것들만으로도 충분히 그 말을 이해할 수 있을 것입니다. 미세먼지 지수를 매일 확인해야 하고 공기청정기가 필수품이 되어버린 우리의 일상 말입니다. 각종 유해 물질로 아이들이 비염과 아토피를 아주 흔하게 앓게 되는걸 보면서, 먼저 살아가는 세대가 다음 세대의 안전과 건강을 미리 빼앗고 있지는 않은지 돌아보게 됩니다.

스티로폼을 삼키는 바람에 잠수할 수 없어 허우적대다 결국 목숨을 잃은 거북이의 모습을 상상해 보세요. 그것을 버린 것은 인간인데, 그런데 왜 그 고통은 아무 죄 없는 거북이가 짊어져야 하는 것일까요? 이 고통의 책임으로부터 자유로울 수 있는 사람은 그 누구도 없습니다.

공감은 단 하나의 생명도 부정의한 일에 연루되어 죽지 않을 수 있도록, 우리 안에 깊숙이 내재한 인간의 고귀한 가능성을 되찾는 일입니다. 공감을 통해 세상을 아름답게 바꿀 준비가 되셨나요?

더 나은 세상을 위한 듣기

『듣는다는 것』

• 이수겸(17세) •

책 속의 한 문장 ▸▸ "우리는 사람과의 관계 안에서 살아갑니다. 그리고 그 관계에서 받은 슬픔이나 상처들은 부득이하게 혼자 이겨 내야 하는 경우도 자주 있습니다. 저는 그럴 때 음악이 바로 가장 가까운 곳에서 여러분과 함께할 것이라고 말해주고 싶어요. 음악은 우리가 굳이 말을 걸지 않고도 아름다운 소리로 우리의 영혼 깊이 따듯한 위로를 건네줍니다. 그러니 힘들 때도 기쁠 때도 슬플 때도 음악을 적극적으로 활용해 보세요. 저 자신도 음악으로 많은 힘을 얻을 수 있었기에 이 글을 읽는 여러분도 음악으로부터 따뜻한 위로를 받을 수 있기를 바랍니다."

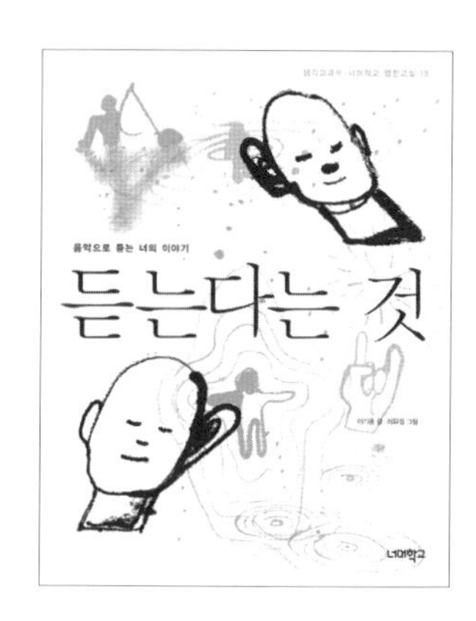

『듣는다는 것』, 이기용 지음,
너머학교, 2018

『듣는다는 것』은 우리는 참 많은 것을 듣고, 또 많은 것을 듣지 못한다는 것을 알려주는 책입니다. 저자 이기용 선생님은 '허클베리핀' 밴드의 리더로서, 음악이 가진 특징을 다양한 이야기를 통해 독자들에게 들려줍니다. 나아가 다른 사람들의 이야기를 경청하는 것이 다양한 삶과 느껴보지 못했던 세계를 경험하는 것이라고 말하고 있습니다.

듣는 것은 엄청난 힘을 갖고 있습니다. 그 예로 베를린 장벽을 들 수 있습니다. 데이비드 보위라는 가수의 〈히어로즈〉라는 노래는 베를린 장벽을 사이에 두고 만날 수 없는 연인에 대한 곡입니다. 이 노래를 1987년 서베를린 연방의회 앞 광장에서 콘서트를 할 때 불렀고, 노래를 들은 동독 젊은이들이 함께 노래를 불렀습니다. 군경들이 이들을 해산시키려고 했지만, 그들이 노래 부르는 것을 막지는 못했습니다. 그로부터 2년 후 장벽은 무너졌고, 보위의 〈히어로즈〉는 독일 통일의 상징이 되는 노래가 되었습니다.

또 다른 듣는 것에는 대화가 있습니다. 우리는 일상생활을 하면서 많은 사람과 대화를 합니다. 하지만 대부분의 대화는 실패합니다. 부모님이나 선생님과 대화하는 것을 꺼리고, 친구들과 대화하다 싸우는 경우도 많지요. 이유가 무엇일까요? 저자는 실패의 주된 이유가 상대에 대해 이미 알고 있다고 짐작하기 때문이라며, "상대방의 이야기를 새로운 여행지로 들어가는 것이라고 생각한다면 흥미로운 일이 벌어집니다. 지루한 마음이 줄어들고 그 안에 무슨 새로운 것이 있을까 내가 몰랐던 무슨 이야기가 있을까 하고 기대하게" 된다고 이야기합니다. 이런 방법으로 상대방의 말에 경청하여 배려와 공감을 하게 되면 대화를 통해 더 좋은 관계를 만들 수 있습니다.

우리가 귀 기울여야 하는 소리는 무엇일까요?

여러분은 일상에서 집중하고 듣는 것들이 얼마나 있나요? 과연 우리는 제대로 듣고 있을까요? 우리는 날마다 소리에 둘러싸여 살지만, 보통은 그런 소리들을 음악으로 생각하지 않기도 합니다. 우리가 귀 기울이지 않아 없어진 소리도 참 많습니다. 멸종된 동물들의 소리, 무한경쟁으로 사라져버린 아이들의 웃음소리, 듣고 싶지 않다는 이유로 도시의 가장자리로 몰아버린 가난하고 약한 사람들의 목소리가 바로 그러합니다.

2016년 노벨문학상 수상자인 가수 밥 딜런의 이야기를 아시나요? 노벨문학상 역사상 최초로 대중 가수에게, 게다가 문학작품도 아닌 가사에 상이 수여된 것이라, 세간이 들썩였지요. 그만큼 밥 딜런이 쓴 가사들은 한 편의 시처럼 이 시대의 모습을 함축적으로 잘 표현하고 있습니다. 밥 딜런이 세계적인 스타가 된 것은 1963년에 발표한 〈바람만이 아는 대답

〈Blowin' in the Wind〉이라는 곡 덕분이었는데요. 인간 존재에 대한 질문과 세계의 평화에 대해 말하는 이 노래는 발표되자마자 미국을 비롯한 세계 젊은이들의 반전 슬로건이 되었습니다. 당시 미국 청년과 지식인은 밥 딜런의 노래를 케네디 대통령의 정치적 견해와 마틴 루터 킹 목사의 연설만큼 믿고 따랐다고 해요.

하나의 노래가 한 편의 시가 되고, 그 시가 다시 삶이 되는 것은 참 멋진 일입니다. 그리고 그것을 함께 듣고 부르는 일은 더욱더 멋진 일입니다. 여러분은 어떤 이야기에 귀 기울이고 또 함께 소리내어 부르나요? 그 소리는 내가 살고 싶은 삶의 모습을 잘 담고 있는지 오늘 가만히 귀 기울여 듣는 시간을 가지면서 함께 생각해봅시다.

이 책을 읽고 함께 토론해봅시다

- 책에는 음악에 대한 많은 이야기가 소개되어 있습니다. 가장 인상 깊은 노래 이야기를 하나 선정해서 그 노래를 들어보고, 느낌을 자유롭게 써보세요. 책에 소개된 설명과 얼마나 같고 다른지, 새롭게 느낀 점은 무엇인지 이야기해주세요.
- 내가 특별히 잘 듣는 소리가 있나요? 다른 사람은 귀 기울이지 않지만 나에게 소중한 소리가 있다면, 그 소리가 나에게 왜 소중한지, 그 소리를 들으면 어떤 감정이 생기는지 이야기해봅시다.

함께 읽으면 좋은 책

『나는 매일 감동을 만나고 싶다』, 히사이시 조 지음, 이선희 옮김, 샘터, 2016

『밥 딜런, 똑같은 노래는 부르지 않아』, 서정민갑 지음, 탐, 2018

마음으로
들리는 소리

『산책을 듣는 시간』

• 이유진(15세) •

책 속의 한 문장 ▸▸ "이 세상에는 귀가 들리는 사람이 있고, 그렇지 않은 사람도 있는데, 그건 못 듣는 게 아니라 특별히 안 들리는 능력이 더 있는 거니까 신비한 일이라고."

"나는 화단에서 뽑은 토끼풀꽃으로 팔찌를 만들어서 내밀었다. 윤옥이는 받지 않았다. 고개를 돌리고 나를 못 본 척했다. 마치 나와 말을 하면 큰일이 난다는 듯이. 매번 그랬다. 가끔은 생전 처음 보는 눈빛으로 나를 똑바로 바라보기도 했다. 그 눈빛이 의미하는 바가 뭔지 그때는 몰랐다. 나중에 학교에 들어가고 나서야 그 의미를 알게 되었다. 그것은 동정이었다."

『산책을 듣는 시간』, 정은 지음,
사계절, 2018

주인공 수지는 귀가 들리지 않습니다. 시끄럽고 복잡한 세상의 소리를 듣지 못합니다. 하지만 수지는 불행하지 않습니다. 소리는 듣지 못하지만, 침묵을 들을 수 있기 때문입니다. 수지는 음악을 무게로 느끼고, 자기만의 언어로 '고맙다'를 표현할 수 있습니다. 수지에게 듣지 못한다는 건 결핍이 아니라 능력입니다. 수지의 친구인 한민은 색을 볼 수 없지만 마크 로스코의 그림을 좋아하며, 마르첼로를 사랑하는 소년입니다. 한민 또한 색을 볼 수 없다고 불행하지 않습니다. 『산책을 듣는 시간』은 그런 수지와 한민이 만나서 우정을 키워가는 이야기를 담은 소설입니다.

소리를 듣지 못하는 게 능력이라니, 이상하게 들리시나요? 대부분의 사람은 소리를 들으며, 색을 구분합니다. 하지만 이에 속하지 않은 사람들은 소리를 듣지 못하며, 색을 보지 못합니다. 우리는 이들에게 과한 동정을 하거나 욕을 내뱉기도 합니다. 수지는 자신에게 동정을 보내거나 장애를 혐오하는 사람들을 이해해보려 합니다. 하지만 이상한 일입니다. 장애는 전염되지 않습니다. 장애인을 본다고 해서 비장애인이 장애인이 되지 않습니다. 장애는 두려운 것이 아닙니다. 그런데도 사람들은 소리가 들리지 않는다는 이유로 수지를 무시하고 동정합니다. 왜 그러는 것일까요?

우리가 생각하는 것과 달리, 소리를 듣지 못하는 수지의 세계는 평안하고 완전합니다. 수화로 혼잣말도 하고 어머니와 대화도 하고, 친구들과 수다도 떨 수 있습니다. 남들이 보면 이상한 몸짓이라고 생각할지도 모릅니다. 하지만 수지에게는 그게 자연스럽습니다. 춤을 추듯, 작은 새를 쓰다듬는 듯한 부드러운 손길로 생각과 느낌을 표현합니다. 수지에게 모국어는 수화이며, 한국어는 제1외국어입니다. 우리가 배우는 영어나 중국어와 같이, 수화는 다른 문화를 가진 사람들의 언어입니다. 수화가 장애인이나 약자의 언어가 아니라 강대국의 언어였다면, 중학교나 고등학교의 필수과목이 되었을지도 모릅니다. 그런 사회에서는 누구도 청각장애인에게 구화나 인공 와우 수술을 강요하지 않았을 것입니다. 다수의 '편리함'을 위해 소수에게 얼마나 많은 폭력을 강요하고 있었는지 생각해보게 되는 책이었습니다.

왜 우리는 다르면 미워하고 혐오할까요?

저는 세상의 소리를 귀로 들을 수 있으며 눈으로 세상을 볼 수 있는 사람입니다. 하지만 아무리 귀를 닫아보아도 제대로 된 고요함을 느낄 수 없으며, 복잡한 세상에 붙잡혀 정작 제 마음은 보지 못합니다. 누구도 자신의, 그리고 타인의 높고 낮음을 결정지을 수 없습니다. 사실 우리는 높고 낮지 않습니다. 모두 다른 능력을 갖추고 있을 뿐입니다. 모두에게 배울 점이 있으며, 누구도 따라하지 못할 능력이 있습니다.

하지만 사람들은 그렇게 생각하지 않는 것 같습니다. 겨우 열다섯인 제 친구들만 봐도 알 수 있습니다. 최근 친구들 사이에서 "너 장애인이야?"라는 말을 자주 듣습니다. 좋은 성적을 얻지 못하거나, 체육 시간에 경기할 때 높은 점수를 기록하지 못하는 사람이 있으면 그런 말을 합니다. 그 말은 장애인 비하 발언이니 멈추라고 하였더니 장애인에게 하지 않으면 비하 발언이 아니라며, 무시하거나 신경 쓰지 말라고 합니다. 그 발언을 하지 않겠다고 한 친구 중 3분의 2는 다시 비하 발언을 입에 담습니다.

저는 비하 발언을 하는 아이들에게 그만두라고 계속 말하지만 아무도 듣지 않아 지쳐갑니다. 그러던 도중 아이들이 자주 접하는 인터넷이나, 어른들의 발언을 생각해보게 되었습니다. 인터넷 뉴스 기사에서 '벙어리'나, '귀머거리' 등의 단어를 아직까지 사용하고 있으며, 어른들은 아무렇지 않게 장애인들을 비하합니다. 이 책에서도 잘 나와 있는 것처럼 말이죠. 청각장애인인 수지가 구화, 그러니까 입 모양을 읽을 수 있게 되자 "드디어 사람 구실을 한다"라고 말합니다. 도움이 필요하지 않은 상황에서 동정의 눈길을 보내거나, 원치도 않은 도움을 주고 "집에 가만히 있지 왜 나왔냐"라는 말을 서슴없이 하는 사람도 있습니다. 왜 우리는 이런 세상에서 살아야 할까요? 다름을 인정하지 않는 이 사회에서 어떻게 살아가야 할까요?

장애인에 대한 혐오는 아주 오래전부터 이어져 왔습니다. 몇백 년 전부터, 어쩌면 더 오래되었을지도 모릅니다. 이를 막고자 하는 사람도 있었지만, 약자를 혐오하는 사람이 훨씬 많았습니다. 모두가 혐오에 둔감해질 때 혐오는 걷잡을 수 없이 커집니다. 그렇게 되면 누구도 혐오의 대상에서 벗어날 수 없습니다. 그러니 타인을 이해하는 것은 나를 배려하는 것의 다른 이름일 수 있습니다. 산책을 듣는다는 것은, '산책을 듣는다'라는 행위를 이해할 수 있을 때 실현되는 것입니다. 우리는 어쩌면 산책을 듣는다는 말을 이해하지 못하고 있을지도 모릅니다. 하지만 우리가 산책을 들으려고 노력할 때. 그때는 비로소 모두가 산책을 듣고, 볼 수 있지 않을까요?

이 책을 읽고 함께 토론해봅시다

- 우리 사회에는 장애인 말고도 많은 약자를 대상으로 하는 혐오가 있습니다. 어떤 혐오가 있고, 왜 이런 혐오가 생겨났는지 생각해봅시다.
- 책에서 한민은 수지에게 고맙다는 말을 수지의 언어로 어떻게 하는지 물어봅니다. 여러분은 고맙다는 말을 어떻게 하시나요? "고맙습니다"라는 말을 할 수도 있을 것이며, 웃음을 지을 수도 있을 것입니다. 여러분의 고맙다는 말은 무엇인가요?

함께 읽으면 좋은 책

『말할 수 없는 것들이 있습니다』, 키어스텐 보이에 지음, 전은경 옮김, 내인생의책, 2018

『목소리를 보았네』, 올리버 색스 지음, 김승욱 옮김, 알마, 2012

누구나 평범하게 사랑하고 일하고 교육받는 사회

『누구나 꽃이 피었습니다』

• 변종윤(16세) •

책 속의 한 문장 ▸▸ "'인권이 무엇입니까?'라는 질문을 받을 때가 있습니다. 멋지게 답변해 보려고 해도 이렇게 저렇게 머리를 굴려 봐도 사실 답은 하나만 떠오릅니다. "그 사람 입장이 되어 보는 것!" 상대방의 마음이 어떨지 그 입장이 되어 헤아려 본다면 굳이 거창하게 인권이라는 말을 쓰지 않더라도 세상이 참 말랑말랑해질 텐데 말입니다."

"언론을 통해 드러나는 장애인 관련 기사들은 대체로 장애인의 이동권 문제, 장애인 관련 범죄들, 장애인 고용률, 특수학교 설립 등 거창한 문제들을 담은 것이 많습니다. 그렇지만 사실 그 속에는 그 삶을 살아내는 장애인 한 사람 한 사람이 있습니다. 수많은 사건을 통해 장애인 당사자를 만나고 소통하면서 느낀 점은 '법보다, 제도 보다, 그 속의 사람에 집중하는 것이 참 중요하다'는 것입니다."

『누구나 꽃이 피었습니다』, 김예원 지음, 이후, 2019

우리나라 장애인 인권 문제를 아주 쉽게 소개하는 책이 있습니다. 바로 『누구나 꽃이 피었습니다』인데요. 책의 저자는 태어날 때 의료사고로 한 쪽 눈을 잃었다고 합니다. 그런데 의료사고에 관한 사실을 중학생이 돼서야 알았습니다. 이미 10년도 지난 뒤였고, 아무것도 할 수 있는 일이 없었죠. 저자는 세상에 자신처럼 억울한 사람이 많으리라 생각했다고 합니다. 지금은 '법이 따뜻한 세상을 만드는 좋은 도구'라는 믿음으로 인권변호사가 되어 장애인들의 인권을 위해 애쓰고 있습니다.

이 책에서 인권은 어렵고 무거운 얘기가 아닙니다. "〈주토피아〉의 나무늘보는 어떻게 취직했을까?" 혹은 "〈밀양〉의 신애는 왜 정신병원에 가게 되었을까?"와 같이 흥미로운 질문으로 이야기를 시작하죠. 책에 소개되는 13편의 영화는 누구나 쉽게 접할 수 있는 것들입니다. 저자는 영화의 여러 장면을 들어 장애인 복지의 문제점, 또 장애인을 대하는 시선의 문제점을 조목조목 비판합니다.

그렇다면 우리 사회의 장애인들은 어떤 차별을 받으며 살아갈까요? 하나의 예로, 지적장애인인 상민 씨와 자폐성 장애인인 만섭 씨의 이야기를 들 수 있습니다. 두 사람은 사회복지법인에서 운영하는 세차장에서 일합니다. 이 세차장에는 다섯 명 정도의 장애인이 일하며 대부분 세차장 거주 시설에서 생활합니다. 평일에는 아침 10시에 출근해 오전 일을 하고, 손님이 많을 때는 저녁 7시까지 일하기도 합니다. 하지만 이렇게 일해서 받는 월급은 고작 8만 원에서 22만 원 사이라고 합니다. 당연히 위법이지 않을까요? 하지만 이 모든 일은 합법입니다. 우리나라 최저임금법은 '장애인 보호작업장'을 예외로 보기 때문입니다.

상민 씨와 만섭 씨의 사례처럼, 아직도 많은 장애인이 우리가 알지 못하는 곳에서 억울한 일을 겪으며 살아가고 있습니다. 그런데 우리는 장애인들의 삶에 관해 얼마나 알고 있을까요? 2018년 기준으로 전국의 발달장애인 수는 22만여 명에 달하고, 이들 중 대부분은 경제적 자립에 어려움을 겪고 있으며, 여가생활은 텔레비전과 인터넷에 의존한다고 합니다. 이런 현실보다 더 힘든 것은 그들의 '다름'을 '틀림'으로 바라보는 비장애인들의 시선일 것입니다. 이 책을 읽고 우리가 지금까지 어떤 시선으로 장애인을 바라보고 있었는지 돌아보는 계기가 되었으면 합니다.

우리는 왜 장애인 인권 문제에 무지한 것일까요?

중학교나 고등학교에 다니는 학생들이라면 누구나 장애인 인권 교육을 받은 경험이 있을 것입니다. 하지만 이 시간은 장애인들의 삶을 이해하고 공감하는 데 그다지 도움이 되지 않습니다. 보통은 장애인 인권에 관한 영상물 하나를 틀어주고 학교 선생님이나 외부 강사가 '어떻게 하면 장애인들을 차별하지 않고 어울려 살아갈 수 있는지' 말씀하시며 끝이 납니다. 수박 겉핥기에 불과한 시간이죠.

저는 장애인 인권을 진심으로 고민하고 개선하기 위해 더욱 실질적인 인권 교육이 필요하다고 생각합니다. 장애인 인권 교육이라고 해서 딱딱하고 어려운 얘기만 다룰 필요는 없습니다. 이 책에는 〈조제, 호랑이 그리고 물고기들〉 같은 사랑 이야기를 다룬 영화도 소개됩니다. 저자는 장애인 인권과 관련한 한 토론회가 끝난 뒤, 생각지도 못한 질문을 받았다고 합니다. 한 장애인이 "우리도 평범하게 사랑하고 연애할 수 있을까요?"라고 말한 것이죠. 같은 사람이기에, 누군가를 만나고 사랑의 감정을 느끼고, 관계를 맺는 것은 자연스럽고 당연한 일입니다. 우리는 장애인이 겪는 어려운 점으로만 장애인의 삶을 조명했을 뿐, 사랑과 우정에 관해서는 미처 생각하지 못했습니다. 책을 읽으며 우리가 장애인의 인권에 얼마나 무지했는지 생각해보게 되었습니다.

우리는 언제나 다수의 흐름에 소수를 맞추려 합니다. 남들보다 조용하고 말수가 없는 사람들을 "사회성이 없다"라고 평가합니다. 학교에 적응하지 못하는 학생에게는 '비행청소년'이나 '부적응자'라는 딱지를 붙입니다. 컴퓨터 게임에 지나치게 몰입하는 아이에게 '철이 덜 들었다'라고 합니다. 왜 그렇게 되었는지 한 번 더 물어보고 이해하려는 사람은 거의 없습니다. 마찬가지로 장애인들이 살아가며 겪는 이야기에도 무관심합니다. 장애인이 되고 싶어서 된 사람은 한 명도 없는데도 말이죠.

우리가 특별히 나쁜 마음을 먹었기 때문일까요? 아닙니다. 우리 또한 다른 사람들의 평가에 자신을 비춰보고 채찍질하며, 힘겹게 살아가기 때문입니다. 다른 사람들에게 내어줄 여유나 관심이 없습니다. 가난하거나,

장애를 겪는 사람들, 집단에 적응하지 못하는 사람들은 '누가누가 더 잘 사나'의 레이스에서 희생된 이들입니다. 이 경주가 어디서 시작되었는지, 언제쯤 끝나는지 묻는 사람은 없습니다. 그런 점에서 장애인 문제는 장애인에 관한 문제만은 아니라고 생각합니다. 우리 사회에 존재하는 수많은 소수성의 문제입니다. 서로의 다름에 대한 진정한 이해와 배려가 시작될 때 장애인 인권 문제 또한 개선되리라 생각합니다.

이 책을 읽고 함께 토론해봅시다

- 저상버스를 오르는 장애인의 모습이나 길거리를 자유롭게 다니는 장애인의 모습을 찾아보기가 어렵습니다. 장애인들이 차별의 시선 때문에 자유롭고 안전하게 다니지 못하는 것이 우리나라의 현실인데요. 여러분도 일상을 돌아보며 우리가 극복해야 할 차별의 장면이 있다면 한번 찾아보세요. 드라마나 영화에서 찾아도 좋고, 일상 속에서 경험한 이야기도 좋습니다.
- 장애인 인권 문제가 중요한 이유는 이것이 단순히 장애가 있는 사람에게만 국한된 것이 아니기 때문입니다. 장애인에게 편리하고 안전한 시설은 비장애인에게도 그렇기 마련이지요. 우리가 장애인을 향한 차별을 거둘 때, 분명 더 좋은 사회를 만들 수 있을 것입니다. 차별의 시선을 극복할 수 있는 방법과 이를 통해 우리가 살게 될 아름답고 정의로운 사회의 모습을 함께 상상해보세요. 그리고 그것을 이어서 한 편의 글을 완성해보세요.

함께 읽으면 좋은 책

『세계 인권 선언』, 제랄드 게를레 그림, 목수정 옮김, 문학동네, 2018

『혐오와 인권』, 장덕현 지음, 풀빛, 2019

마음을 담아내는 그릇, 얼굴

『얼굴 사용법』

• 조아현(17세) •

책 속의 한 문장 ▸▸ "여러분은 자기 얼굴이 마음에 듭니까?

'내가 정말 맘에 들어'라고 생각하는 사람은 소수이지 않을까요? 어릴 적에는 느끼지 못해도 주위를 의식하는 나이가 되면 어딘가에 콤플렉스를 지니게 되지요. 특히나 얼굴에요. 물론 외모 따위 전혀 관심 없다는 사람도 있겠지요. 관심이 있건 없건 간에 누구에게나 얼굴은 있습니다. 남과 만났을 때 보여 주는 것은 얼굴, 눈앞의 사람에게서 보는 것도 얼굴입니다. 우리는 얼굴에서 다양한 표정을 읽어 내어 생활하고 있습니다."

『얼굴 사용법』, 야마구치 마사미 지음,
김영애 옮김, 돌베개, 2018

여러분은 어떤 얼굴이 좋은 얼굴이라고 생각하나요? 어떤 사람은 연예인처럼 이목구비가 뚜렷한 예쁜 얼굴을 좋은 얼굴이라고 이야기할 수도 있고, 어떤 사람은 온화한 표정을 지닌 사람을, 어떤 사람은 맑은 피부를 가진 사람을 좋은 얼굴이라고 말할지도 모릅니다.

청소년인 우리는 외모에 신경을 많이 씁니다. 특히 쌍꺼풀이 있는 큰 눈, 도톰하고 빨간 입술, 갸름한 턱선, 높은 코처럼 잘생기고 예쁜 연예인에 우리 얼굴을 비교하기도 합니다. 2017년 스마트학생복이 조사한 '청소년 메이크업 실태 파악'에 따르면 설문 대상 5,246명(여학생 5,122명, 남학생 124명) 중 약 70%가 화장 유경험자인 것으로 나타났다고 합니다. 청소년들이 이렇게 화장을 하는 이유는 많은 사람들이 외모가 중요하다고 생각하기 때문입니다. 우리는 끊임없이 꾸미고, 예뻐지려고 합니다. 저는 이것이 우리 자신을 다른 사람의 시선에 가두는 것이라고 생각합니다. 그럼 정말 나다운 것은 무엇일까요?

『얼굴 사용법』에서는 좋은 얼굴이 어떤 것인지 과학적 · 심리학적으로 소개합니다. 그리고 얼굴을 잘 사용할 수 있는 방법에 대해 이야기하지요. 저자는 얼굴은 다른 사람에게 잘 보이기 위해 예쁘고 멋있게 꾸며서 내놓는 것이 아니라 다른 사람과 의사소통을 하기 위해 존재한다고 말합니다. 우리가 즐겁게 대화할 수 있는 바탕에는 미묘한 표정의 주고받음이 있다고 합니다. 우리는 말하지 않아도 웃으며, 인상을 찌푸리며, 눈물을 흘리며 마음을 주고받습니다.

여러분은 어떤 얼굴을 한 사람인가요?

제가 초등학교 6학년일 때 같은 반에 장애를 가진 친구가 있었습니다. 이름순으로 정해진 번호로 저와 그 친구가 앞뒤여서 무엇을 하건 같이 하게 되는 일이 많았고, 모두 그 친구를 싫어하는 분위기 속에서 그런 상황들이 마냥 좋지만은 않았습니다. 그 친구 눈에는 항상 눈곱이 끼어 있었고 입가에는 침이 하얗게 말라 있었습니다. 저와 친구들은 더럽다고 피하고 그중 몇 명은 그 친구 몸이 닿는 걸 싫어하기도 했습니다.

그렇게 그 친구에 대한 인식이 날이 갈수록 안 좋아지던 중 저희는 수학여행을 가게 되었습니다. 번호가 붙어 있던지라 역시나 그 친구와 같은 조가 되었고 저와 제 친구들은 수학여행으로 간 놀이동산에서 그 친구와 함께 있어야만 했죠. 다들 신나서 뛰어다니는 와중에 저희는 우울한 기분으로 그 친구를 데리고 놀이기구를 탔습니다. 그런데 놀이기구를 타고 나와서 그 친구가 어눌한 발음으로 너무 재미있다고 같이 타줘서 고맙다고 말하며 활짝 웃었습니다. 그날도 그 친구 얼굴에는 눈곱과 침 자국이 있었지만, 그 순수한 웃음이 저를 부끄럽게 만들었습니다.

『얼굴 사용법』을 읽으며, 그때 그 친구의 얼굴을 떠올렸습니다. 그리고 제 얼굴을 다시 들여다보았습니다. 거울로는 자기 자신을 똑바로 볼 수 없다고 합니다. 얼굴은 거울 속에 있는 것이 아니라 사회 속에 있기 때문입니다. 제 얼굴이 얼마나 예쁜지, 매력적인지는 제가 알 수 없지만, 평소 제 태도와 성격을 보면 거울로도 볼 수 없는 온전한 제 모습을 볼 수 있습니다. 그 친구를 미워하던 그때의 제 얼굴은 얼마나 못났을까요? 아니면 혹시 아직도 제 얼굴이 못난 것은 아닌지 저와 주변 사람들과의 관계를 생각해봅니다.

얼굴이라는 단어는 원래 '얼꼴'이었다고 합니다. 얼꼴을 말 그대로 풀어보면 마음의 생김새이지요. 얼굴은 우리의 감정과 마음을 보여주는 아름다운 창입니다. 진정 아름다운 얼굴을 만들기 위해서 우리는 무엇을 해야 할까요? 그리고 어떻게 하면 나의 얼굴을 잘 볼 수 있을까요? 나의 얼굴과 다른 사람의 얼굴을 자세히 들여다보고, 마음을 담은 서로의 얼굴에서 아름다움을 발견할 수 있길 바랍니다.

이 책을 읽고 함께 토론해봅시다

- 여러분이 기억하는 특별한 얼굴이 있나요? 그 얼굴은 왜 기억에 깊게 남는가요? 그 날의 상황과 기억을 구체적으로 적어보세요.
- 여러분은 자신의 얼굴이 마음에 드나요? 이 책에는 매력적인 얼굴이 어떤 얼굴인지를 이야기합니다. 책의 설명을 근거로 하여 여러분의 얼굴의 장점을 적어보세요. 많으면 많을수록 좋습니다!

함께 읽으면 좋은 책

『얼굴이 말하다』, 박영택 지음, 마음산책, 2010

『뇌과학으로 사회성 기르기』, 박솔 지음, 궁리, 2017

우정을 아름답게 가꾸는 방법

『우정 지속의 법칙』

• 이유진(15세) •

책 속의 한 문장 ▸▸

살구꽃이 처음 피면 한 번 모이고,

복숭아꽃이 처음 피면 한 번 모이고,

한여름에 참외가 익으면 한 번 모이고,

초가을 서늘해지면 연꽃을 구경하러 한 번 모이고,

국화가 피면 한 번 모이고,

겨울에 큰 눈이 내리면 한 번 모이고,

연말이 되어 매화 화분에 꽃이 피면 다시 한 번 모인다.

— 정약용, 〈죽란시사첩〉 머리말 중에서

『우정 지속의 법칙』, 설흔 지음,
창비, 2014

세상에는 무수한 법칙이 존재합니다. 수학 공식들을 적용한 무한 숫자의 법칙, 세계의 현상들을 자세히 탐구하고 원리를 들여다보는 우주의 법칙, 어길 시 곧바로 벌점에다가 평화로운 수업과 쉬는 시간은 상상하기 어려워지는 학교 질서의 법칙 등. 이 밖에도 생각해보면 우리들의 삶 속엔 법칙이 없는 게 없는 것 같습니다. 관계, 직업, 공부, 음식, 문화생활 등 자신의 삶을 이루는 요소들을 즐겁게 지속하기 위해서도 일정한 법칙(규칙)은 필요한 것이겠지요.

여러분은 그중 '우정 지속의 법칙'이란 것을 알고 있나요? 눈에 보이거나 문서화된 것만이 법칙이 아니랍니다. 내 친구를 계속 곁에 두기 위해서는 꼭 마음에 담아두어야 할 약속이 있습니다. 『우정 지속의 법칙』에서는 우정을 지속하는 10가지 법칙에 대해 설명하고 있는데요. 이 법칙을 보면서 우리 우정의 깊이는 어느 정도인지, 친구들과의 사이에서 나는 어떻게 함께 하고 있는지를 생각해보며, 내가 과연 어떤 법칙을 가장 소중히 수행하고 있는지 고민해볼 수 있습니다.

우정을 지속하는 여러분만의 법칙은 무엇인가요?

청소년기에는 친구가 가장 중요하다고 합니다. 어떤 친구를 사귀느냐에 따라 나의 취미가 바뀌기도 하고, 진로까지 찾게 되는 경우도 있지요. 긍정적인 면도 있지만, 때론 갈등이 생겨 마음의 상처를 가장 많이 받는 것도 바로 이 친구 관계입니다. 그러다 보니 3월이 되면 새로운 것에 스트레스를 받고, 학교에 다녀온 뒤에 큰 이유 없이 배가 아프거나 머리가 아픈 새 학기 증후군을 앓는 친구들이 많다고 합니다. 이것을 극복하는 방법으로 "조금만 버티면 금방 적응된다", "공부를 열심히 하면 해결된다"라고 말합니다. 하지만 그 시간을 꾹 참아내는 것보다 새로운 환경 속에서 마음이 맞는 친구를 만나는 것만큼 좋은 해결책은 없을 것입니다. 그 친구와 함께 시간을 보내고, 우정을 쌓아가면, 새로운 환경 속에서 보내는 시간이 기대되고 즐겁게 느껴질 것입니다.

저는 책에 나온 10가지 방법 외에 다른 저만의 우정의 법칙을 만들어 봤습니다. 우선 첫 번째, 나이의 장벽을 뛰어넘는 것이 필요하다 생각했습니다. 나이가 다르다고 친구가 될 수 없는 것은 아닙니다. 저는 오히려 동갑보다 나이가 많거나 적은 친구들이 훨씬 편할 때도 있습니다. 어른도 친구가 될 수 있지요. 영화 〈어바웃 어 보이〉에서 아저씨인 윌과 12살 소년 마커스는 영화 속에서 친한 친구 사이가 됩니다. 조선 시대에 박지원과 박제가는 절친한 친구로 소문나 있지만, 박지원은 박제가보다 13살이 많답니다. 꼭 같은 나이가 아니라도 마음이 맞고 대화가 통하는 진실한 친구가 있습니다.

두 번째, 친구가 고민이 있을 때, 답답한 것을 말하고 싶을 때, 가만히 들어줍시다. 내가 하고 싶은 말만 하는 것은 무례한 행동입니다. 친구가 힘든 일이나 슬픈 일, 행복한 일을 이야기할 때 그 말을 무시하거나 내가 하고 싶은 말만 한다면 친구와의 사이는 멀어질 것입니다. 특히 요즘은 친구가 이야기할 때 스마트폰을 보는 경우도 있고, 가끔은 친구들끼리 만나서 이야기할 때 직접 하지 않고 스마트폰 SNS로 이야기하는 경우도 있습니다. 함께 있는 시간이 소중한 만큼 서로의 얼굴을 보고 이야기하고 그 말에 귀 기울이면 좋겠습니다.

하지만 아무리 좋고 멋진 우정 지속의 법칙도 실천하지 않으면 소용이 없습니다. 무엇보다 좋은 법칙은, 내가 먼저 괜찮은 친구가 되는 것입니다. 책에 소개된 10가지 법칙과 자기 자신만의 법칙을 지금 바로 나의 소중한 친구에게 실천해봅시다.

이 책을 읽고 함께 토론해봅시다

- 책을 읽고 10가지 법칙을 직접 해봅시다. 어떤 것이 가장 어려웠고, 그 이유는 무엇인가요? 혹은 내가 평소에도 아주 잘 지키던 법칙이 있었다면, 그 법칙을 잘 실천했던 고전 속 인물과 나를 비교하며 나는 앞으로 어떤 친구가 되고 싶은지 생각해봅시다.
- 책에 소개된 법칙 외에 나만의 법칙을 10가지 만들어보세요. 그리고 다른 친구들과 서로의 법칙을 공유해봅시다. 우리 반의 우정 지속의 법칙을 만드는 것도 재미있는 방법이겠지요?

함께 읽으면 좋은 책

『동급생』, 프레드 울만 지음, 황보석 옮김, 열린책들, 2017

『웰컴, 삼바』, 델핀 쿨랭 지음, 이상해 옮김, 열린책들, 2015

꿈을 향해 날아올라!

『갈매기에게 나는 법을 가르쳐준 고양이』

• 김숲(15세) •

책 속의 한 문장 ▸▸ "아포르뚜나다, 너는 틀림없이 날 수 있어. 숨을 크게 쉬거라. 빗물을 몸으로 느껴봐. 그냥 물이란다. 너는 살아가면서 많은 것들 때문에 행복을 느낄 거야. 어떤 때는 물이라고 하는 것이, 어떤 때는 바람이라는 것이, 또 어떤 때는 태양이라고 부르는 것이 바로 그런 것들이란다. 그런데 이 모든 것들은 비가 내린 다음에 찾아오는 것들이지. 일종의 보상처럼 말이야. 그러니 자, 이제 비를 온몸으로 느껴봐. 날개를 쫙 펴고서 말이지."

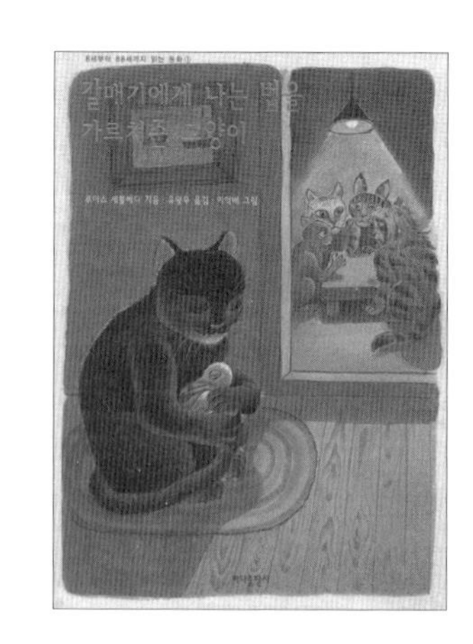

『갈매기에게 나는 법을 가르쳐준 고양이』,
루이스 세풀베다 지음, 유왕무 옮김, 바다출판사, 2015

이 책에는 소르바스라는 이름의 까만 털을 가진 고양이가 등장합니다. 소르바스의 주인인 소년은 여름방학을 맞아 여행을 가게 되었고, 주인이 집을 나간 직후, 소르바스는 집 발코니로 추락하는 한 갈매기를 발견하게 됩니다. 갈매기의 이름은 켕가, 사람들이 바닷가에 버린 기름에 휩싸여 무리와 함께 이동하지 못한 채 혼자가 되어버린 갈매기였습니다. 다리가 경련을 일으키며 날개가 부서질 만큼 열심히 헤엄치고 날아온 켕가는 소르바스의 집 발코니에 추락하고 만 것이었죠.

켕가의 몸에 뒤덮인 검은 기름을 보며 안타까워하던 소르바스는 아기 고양이를 핥아주듯이 켕가의 몸을 핥아줍니다. 죽지 말라고, 지금 네가 죽을 이유는 없다고, 기운 내라면서요. 그러나 소르바스는 켕가가 점점 죽음에 가까워지고 있다는 걸 알아차립니다. 치료해주고 싶어도 방법조차 알지 못하기에 소르바스는 그저 켕가가 죽어가는 모습을 지켜보며 슬퍼합니다. 그런 소르바스에게 켕가는 마지막 힘을 내어 알을 낳을 테니, 알을 먹지 말고 새끼가 태어날 때까지 보호하며, 새끼에게 나는 법을 가르쳐달라고 부탁한 채 알을 낳고 숨을 거두게 됩니다.

소르바스는 켕가와의 약속을 지키기 위해 최선을 다해 새끼 갈매기를 보살핍니다. 혼자서는 무리라고 생각해서 주변에 있는 고양이들을 불러 모았지요. 말 가로채기를 좋아하는 고양이 세끄레따리오와 나이를 알 수 없을 정도로 나이 든 고양이 꼴로네요, 백과사전 읽기를 좋아하는 고양이 사벨로또도, 바다의 용사라 불리는 고양이 바를로벤또까지 5마리의 고양이의 육아는 이렇게 시작됩니다. 모두의 마음이 모아져서일까요, 새끼 갈매기 아포르뚜나다는 무사히 알을 깨고 나왔습니다.

우리는 아포르뚜나다처럼 날아오를 수 있을까요?

아포르뚜나다는 고양이들의 극진한 보살핌을 받으며 자랐습니다. 그런데 수많은 도움에도 아포르뚜나다는 나는 것에 실패했고, 점점 자신감을 잃어갔지요. 저는 이 이야기를 읽으며 한 인물을 보고 저를 비롯한 청소년들과 무척 닮았다고 생각하였습니다. 혹시 누구인지 눈치채셨나요? 바로 날개가 있어도 날지 못하고 그런 자신을 미워하던 아기 갈매기, 아포르뚜나다입니다.

아포르뚜나다는 원하는 것을 이루기 위해 백과사전을 찾기도 하고 주변의 있는 모든 이들의 도움을 받아 몇 번이고 연습을 이어갑니다. 이런 노력하는 모습은 마치 매일같이 학원에 가서 숙제를 하고, 집에 늦게 들어와 또다시 공부를 하다 지쳐 잠을 자는 청소년들의 모습과 같았습니다.

스스로 잘못되고 실패한 존재라고 자책하던 아포르뚜나다처럼, 우리 역시 열심히 하는데도 왜 성적이 오르지 않을까, 혹은 왜 나는 내가 꿈꾸는 모습에 가까이 다가설 수 없을까 고민하고, 나 자신이 잘못하고 있는 것은 아닌지 불안해합니다. 그리고 무엇보다 우리에게 중요한 문제는, 그러면서도 정확한 자신의 목표는 찾지 못했다는 것이죠. 아포르뚜나다에게는 날아야 한다는 분명한 삶의 목표가 있었지만, 우리에겐 그것마저 없는 경우가 다반사입니다. 결국 열심히 살아왔지만, 남은 것은 성적표의 숫자뿐, 그렇게 열심히 살아온 삶이 결국 나를 날 수 있게 하는 방법이 아니었다는 사실을 나중에 깨닫게 되는 경우도 있습니다.

그런 부담과 아픔 속에서 나는 법을 잊어버리고, 혹은 아직 배우지 못한 채로 있는 우리에게 이 소설이 얘기해주는 것은 분명합니다. 우리 모두가 아포르뚜나다처럼 날아야만 한다는 것입니다. 저는 아포르뚜나다의 날개가 그의 잠재력이라고 생각했습니다. 날개는 분명히 그가 날기 위해서 필요한 것이고, 그를 날게 해주었지만 날개가 있다고 해서 그것만으로 아포르뚜나다가 날 수 있었던 것은 아니었습니다. 수많은 연습과 노력, 무엇보다 담대한 용기가 있었기에 가능한 일이었지요. 또 주변에 헌신적으로 자신을 도와주는 수많은 조력자가 있었습니다. 날개도 없는 고양이들이 나는 법을 알려주는 것은 불가능해 보였지만 결국 성공하였습니다. 날고자 하는 마음, 그리고 이를 돕고자 하는 마음이 모여서 불가능을 가능하게 한 것입니다.

저는 우리에게 날고자 하는 마음이 있다면, 언젠가는 꼭 이루어지리라 믿게 되었습니다. 우리 각자가 갖고 있는 꿈들도 마찬가지일 것입니다. 지금은 불가능해 보이고 결과를 예측할 수 없는 수많은 일도, 자책과 불안이 아닌 용기와 믿음으로 노력해나간다면, 언젠가 반드시 현실로 다가올 것이라고 믿습니다.

이 책을 읽고 함께 토론해봅시다

- 소르바스는 무엇 때문에 그렇게 열심히 새끼 갈매기를 돌보았을까요? 소르바스처럼 우리의 꿈을 지지하고 도와주는 이들은 누가 있는지 생각해봅시다.
- 갈매기에게는 '나는 것'이 꿈이자 숙명입니다. 우리에게는 꼭 이루어야 할 어떤 꿈이 있을까요?

함께 읽으면 좋은 책

『시인의 진짜 친구』, 설흔 지음, 단비, 2015

『내 삶의 길을 누구에게 묻는가?』, 백승영 지음, 샘터, 2016

행복한 삶을 위한
나만의 긴 여행

『내가 행복한 곳으로 가라』

• 허나영(15세) •

책 속의 한 문장 ▸▸ "저는 한국의 청소년들에게 두렵고 힘들더라도 우선 무조건 밖으로 나가야 한다고 말하고 싶습니다. 골방에 처박혀 있지 말고 용기를 내어 더 넓은 세계로 나가야 한다고요. 물론 그건 무척 어렵고 겁나는 일입니다. 저 같은 어른들도 낯선 곳에 가려면 큰 용기가 필요합니다. 죽은 듯 보이는 번데기가 화려한 나비가 되는 것처럼 자신의 존재를 송두리째 뛰어넘어야 하는 일이기도 합니다. 하지만 두렵고 힘들더라도 나가야 합니다.

시간이 흐르면 어떻게 해결되겠지, 어른들이 알아서 해주겠지……. 여러분, 더 이상 무언가를 막연하게 기다리며 그냥 앉아만 있지 마세요. 처음에는 좀 어설퍼도 내가 행복을 느끼는 공간, 나에게 맞는 공간을 밖에 나가 직접 찾아보고, 지리적 상상력을 발휘해 내 존재가 빛날 수 있는 공간을 발견하세요."

『내가 행복한 곳으로 가라』, 김이재 지음, 샘터, 2015

여러분은 '지리'라는 과목을 어떻게 생각하시나요? 그저 외울 것이 산더미인 따분하고 재미없는 과목인가요? 저 역시도 어려운 용어들과 시험의 부담감 때문에 지리가 그렇게 좋지는 않았습니다. 여행을 하며 지도를 보는 건 좋아했지만 무작정 외워야 한다는 부담감이 훨씬 더 컸습니다. 그런데 이 책을 읽고 나니 분명 가치 있는 과목이라는 확신이 들었습니다.

저자 김이재 선생님은 지리학자인데요, 우리가 교과서에서 배우지 않는 지리의 색다른 내용을 알려주셨습니다. 책에는 '지도를 펼치고 지리적 상상력을 길러라'라는 문장이 등장합니다. 이 문장이 어떤 사람에겐 모두를 살리는 행복한 변화를 시작하게 해주었고, 어떤 사람에겐 행복해지는 법을 배우게 하고 세상을 아름답게 변화시키도록 만들었습니다. 이 책은 조앤 K. 롤링, 제인 구달, 프란치스코 교황 등을 통해 우리에게 그 문장에 대해 잘 설명해줍니다.

〈해리 포터〉 시리즈 작가 조앤 K. 롤링 선생님을 예로 삶의 이야기를 다뤄보겠습니다. 그녀는 모녀간의 다툼, 남편과의 이혼 등으로 남들이 보기엔 실패한 삶을 살고 있었죠. 이혼 후 딸을 데리고 싱글맘이 그나마 살 만한 스코틀랜드의 에든버러에 가게 되었습니다. 글을 잘 쓸 수 있는 곳, 자신에게 맞는 공간을 열심히 찾아다니며 불가피하게 이동하는 여행자의 삶을 살았지만, 그녀와 에든버러는 참 잘 어울리는 곳이었습니다. 그녀는 에든버러 카페에서 자신의 상상력을 담은 〈해리 포터〉 시리즈를 마무리 지을 수 있었습니다. 그녀가 만약 에든버러 카페를 가지 않았더라면 우리는 마법사들의 세계에 한 발자국이라도 들어갈 수가 없었겠지요.

책에는 조앤 K. 롤링 선생님처럼 자신의 꿈을 찾고 그 꿈을 이룬 사람들이 나왔는데 이런 사람들에게 발견할 수 있었던 공통점은 무엇일까요? 바로 자신이 행복을 느끼는 장소를 찾았다는 겁니다. 행복하게 하는 장소는 카페, 스코틀랜드, 아프리카 등 각자 다 달랐지만 이 한 가지는 확실합니다. 그들은 자신이 좋아하는 장소를 찾기 위해 많은 노력을 하였고, 누가 뭐라고 해도 자신이 행복한 장소를 찾았던 것입니다.

책에서는 이를 '지리적 상상력'이라고 부릅니다. 우리도 이처럼 지리적 상상력을 발휘하여 자신이 행복한 곳으로 가야 각자가 삶을 더 기쁘고 즐겁게 살 수 있습니다. 또 자신이 이제껏 노력해왔던 꿈을 실현할 수도 있을 것입니다. 내가 치유될 수 있는 공간, 내가 성장할 수 있는 공간, 내가 나답게 살 수 있는 공간들을 자신이 마음에 드는 공간으로 탈바꿈하는 것으로 자신만의 행복한 곳을 창조해볼 수 있겠지요.

여러분이 가장 편안하고 행복한 장소는 어디인가요?

제게는 집, 더 구체적으로는 방 안이 가장 행복한 공간이었습니다. 그러나 책을 다 읽고 난 지금은 그 대답에도 자신이 없습니다. 방에 있다고 해도 그다지 편안하거나 행복하지 않아요. 요즘에는 어떤 것을 해도 행복을 잘 느끼지 못하는 것 같아 지금은 행복을 느낄 수 있는 장소가 없는 것 같습니다.

그래도 저는 행복을 느끼기 위해 많이 노력할 것입니다. 지금은 시간이 충분하지 않기 때문에 상상으로 그쳐야 하는 부분이 많지만, 시간이 좀 더 자유로울 때는 다양한 장소를 경험하고 탐색하며 저만의 행복한 장소를 찾고 싶습니다. 이를 위해선 무엇이 나를 행복하게 하는지에 대해 고민해봐야 하고, 그 전과 완전히 다른 방식으로 공간과 시간을 바라보는 연습도 해야겠지요. 해본 적 없어서 어려울 수 있겠지만, 그래도 꾹 참고 해나갈 수 있는 강인한 사람이 되고 싶습니다. 저는 행복한 삶을 위한 저만의 긴 여행을 아직 하고 있습니다.

나를 행복하게 만드는 공간은 아직 찾지 못했지만, 당장 바꾸고 싶은 공간은 예나 지금이나 분명하게 갖고 있습니다. 바로 '내 방'입니다. '내 방'이니 그만큼 나를 보여줄 수 있는 특별한 무언가가 더 있어야 하지 않을까요? 그런데 저는 제 방이 제 것이라는 생각이 하나도 들지 않을 만큼 개성이 없다고 생각합니다. 그래서 방을 제 취향대로 꾸미고 싶습니다. 보라색을 좋아하니 방을 전체적으로 보라색 느낌이 나게 만들고 싶고, 침대에서 바로 일어났을 때 오늘 하루를 잘 보낼 수 있게 힘이 나는 격언을 붙여두고 싶습니다. 예를 들어 "항상 삶의 기쁨을 느끼면서 살아가자"라는 문장 말이지요. 또 제 책상에는 문제집과 교과서 등 공부를 해야 할 거리들이 많기 때문에 그걸 잘 정리하고 잘 보이는 곳에 몇 년간 간직해왔던 손편지나 사진들을 놔두고 싶습니다.

그럼 이제 여러분이 대답할 차례입니다. 여러분이 가장 행복을 느끼는 장소는 어디인가요? 또 지금 당장 바꾸고 싶은 공간은 어디인가요?

이 책을 읽고 함께 토론해봅시다

- 나를 가장 행복하게 만드는 공간은 어디인가요? 내가 치유될 수 있는 공간, 내가 성장할 수 있는 공간, 내가 나답게 살 수 있는 나만의 공간이 어디인지 생각해봅시다.
- 여러분이 지금 당장 바꾸고 싶은 공간은 어디인가요? 여러분이 마음에 드는 공간으로 바꿔보고 탈바꿈한 공간의 특징을 마치 사진으로 보듯이 글로 표현해주세요. 예를 들어 내 방 책상, 침대 한 켠, 신발장, 학교 사물함도 좋습니다. 나를 행복하게 만들어 줄 수 있는 공간을 직접 바꾸어봅시다. 혹은 지금 내가 당장 바꾸기는 어렵지만, 꼭 바뀌었으면 좋겠다는 공간을 상상 속에서 바꾸어도 좋습니다.

함께 읽으면 좋은 책

『타샤의 말』, 타샤 튜더 지음, 공경희 옮김, 월북, 2017

『왜 주인공은 모두 길을 떠날까?』, 신동흔 지음, 샘터, 2014

우리 사회를 정의롭게 만드는 질문

『1등에게 박수 치는 게 왜 놀랄 일일까?』

• 양서영(19세) •

책 속의 한 문장 ▸▸ "우리가 행복해지기 위해서 어떻게 해야 하는지에 대해 사회학은 이렇게 답합니다. "지금 당장 청개구리가 되어라!" 고정 관념을 그대로 따르는 것이 아니라 잘못된 것을 잘못되었다고 말하는 청개구리 말입니다. 문제의 원인을 개인에게 있다고만 생각하지 않고 우리의 역사와 문화가 어떻게 현재와 연결되어 있는지를 고민하고 나아가 자신의 삶에 영향을 끼치는 정치에 대한 관심이 중학생에게도 필요하다는 '비판 의식 가득한' 청개구리 말입니다. 사는 대로 생각하지 않고 생각하며 사는 청개구리가 많아지고 이런 청개구리의 의견에 박수 치는 다른 청개구리가 늘어날 때 오늘보다 나아지는 내일이 우리를 기다릴 것입니다."

『1등에게 박수 치는 게 왜 놀랄 일일까?』,
오찬호 지음, 나무를심는사람들, 2017

“왜 초등학교에는 여자 선생님이 많을까?” 혹시 이런 의문을 가져본 적 있는지요? 실제로 초등학교에는 여자 선생님이 점점 많아지는 추세입니다. 그냥 그런가 보다 하거나, 궁금해본 적이 있지만 그에 대한 이유를 분석한 경우는 별로 없습니다. 초등학교에 여자 선생님이 많은 이유가 남녀 차별의 증거라면 어떤 느낌이 드세요? 여성으로서 차별 없이 실력으로 진입하여 안정적인 승진이 가능한 유일한 직업군이 ‘초등학교 교사’이기 때문이라는 분석은 설득력 있고 또 사실이기도 합니다.

『1등에게 박수 치는 게 왜 놀랄 일일까?』를 쓴 오찬호 선생님은 개인에게 영향을 미치는 사회의 여러 모습에 의문을 던져보는 것이 ‘사회학’이라 이야기합니다. 개인이 겪고 있는 문제를 사회와 연결시켜 그것이 공공의 문제라면 철저하게 분석하여 해결점을 찾고자 하는 것을 사회학이라고 할 수 있을 것입니다. 비판적인 시각을 통해 익숙하게 여겼던 것 중 문제가 있거나 부정의한 것들을 고쳐나가는 것이 바로 좋은 삶이라고 말이지요. 그래서 책 속의 "노숙자들은 왜 술을 많이 마실까?", "왕따를 당하는 아이에게도 책임이 있다고?", "중2병은 정말 나쁜 것일까?" 등 40개의 질문을 읽으면 우리가 미처 몰랐던 사회의 모습을 들여다보게 됩니다. 이 글을 읽으며 책에는 나오지 않았지만 저의 질문을 만들어보았습니다.

왜 고등학생이 되면 무기력해질까요?

제가 고등학교에 입학해서 처음 느낀 변화는 무력감이었습니다. 정규수업은 물론이고 외부 강사 강의도 열심히 들었던 중학교 때와 달리 저는 고등학교에서 외부 강사 강의 절반을 멍 때리거나 졸고 깨는 데 할애했습니다. 여전히 앎에 대한 욕구를 느꼈고, 배우고 싶었지만 그 열정은 약해졌습니다. 더 이상 '들어도 안 들어도 상관없는' 외부 강사 초청 강의에 몰입하지 못하게 됐으며 정규수업이 끝난 뒤 질문도 자주 하지 않게 되었습니다. 저 자신도 제 변화에 답답했습니다. 저는 분명 더 살아 있었을 터인데, 왜 이렇게 단기간에 무기력해졌나 싶은 생각이 계속 들었습니다.

저뿐만이 아닙니다. 제 주변 친구들도 나이를 먹고 학년이 올라갈수록 무기력해집니다. 점점 수업시간에 눈동자는 생기를 잃으며, 흥미 또한 상실합니다. 이상하지 않나요? 학교에 다님으로써 점차 무기력해진다니 말입니다. 저는 이러한 현상의 원인 중 하나를 개인의 능력을 키우지 못하는 교육에서 찾았습니다.

경제학자 아마티아 센은 향수능력과 성취할 수 있는 자유를 키워야 한다고 말합니다. 예를 들어 만약 사과라는 재화가 있다면, 사과는 먹기, 요리하기, 파종하기 등 여러 가치를 지닙니다. 이때 개인은 이러한 가치를 인간에게 유용한 효용으로 바꿀 수 있는 향수능력과 그 능력을 행동에 옮길 수 있는 자유를 지니는데, 이를 확대해 나가는 것이 중요합니다.

이런 관점에서 볼 때 시험 문제를 더 많이 맞히는, 한 가지 기준에 맞추기만을 요구하는 교육은 개인이 가진 고유 능력을 향상하지 못합니다. 만약 한 학생이 글을 쓰는 능력이 있어도, 내신고사를 위한 암기에는 아무런 도움이 되지 않는 것과 같습니다. 나아가 이러한 교육은 해를 거듭할수록 무기력한 학생을 만들어냅니다. 자신이 가진 능력을 찾아내거나 발전시키지 못한 채 무의미한 공부를 계속할 뿐이니까요.

우리에게 필요한 교육에는 여러 모습이 있습니다. 저는 여기서 개인이 가진 능력을 향상할 수 있는 교육의 필요성을 한 번 더 강조하겠습니다. 여러분은 왜 학생이 갈수록 무기력해진다고 생각하시나요?

이 책을 읽고 함께 토론해봅시다

- 책 속에는 익숙하게 여겼던 문화나 사회의 현상에 질문을 던지는 40개의 이야기가 소개되어 있습니다. 책을 읽으며 정말 놀랍다고 느낀 질문 3가지를 뽑아보고, 그 이유도 함께 설명해주세요.
- 여러분이 41번째 질문을 만든다면, 어떤 내용을 하고 싶나요? 우리 사회를 좀 더 정의롭게 만드는 질문을 생각해보고 만들어보세요. 혹은 질문을 던져 세상을 바꾼 사람의 이야기를 알고 있다면, 그 사람의 질문이 어떻게 변화를 만들어내었는지 자세히 조사해보세요.

함께 읽으면 좋은 책

『세상은, 이렇게 바꾸는 겁니다』, 폴 파머 지음, 박종근 옮김, 골든타임, 2014

『왜 세계의 가난은 사라지지 않는가』, 장 지글러 지음, 양영란 옮김, 시공사, 2019

세상을 바꾸는
유쾌한 혁명

『거리 민주주의: 시위와 조롱의 힘』

• 배윤서(17세) •

책 속의 한 문장 ▸▸ "세계 각국에서 벌어진 다양한 형태의 시위들은 상상할 수 있는 것보다 훨씬 더 많은 변화를 가져온다. 창의적인 익살 때문에 종종 곤경에 빠지곤 했던 아이 웨이웨이는 우리에게 다음과 같은 질문을 던졌다. "어느 날 당신 주변의 혐오스러운 세상이 무너져 내렸고, 그런 변화가 당신의 태도와 말, 행동 때문에 일어났다고 상상해봐라. 흥분되지 않겠는가?" 앞으로 벌어질 일들은 모두 우리에게 달려 있다."

『거리 민주주의: 시위와 조롱의 힘』,
스티브 크로셔 지음, 문혜림 옮김, 산지니, 2018

사회에는 많은 일들이 일어납니다. 그중에서는 반드시 개선되어야 하는 사안인데 소수의 권력자나 부패한 정부가 등한시해 시민들이 시위를 통해 변화를 도모하는 일도 있습니다. 『거리 민주주의』는 이러한 시위 이야기를 소개한 책입니다. 그런데 그 시위의 모습이 조금 특이합니다. 박수를 받을 만한 타당한 이유가 없고 '유럽의 마지막 독재자'로 칭해지는 알렉사드르 루카셴코 대통령에게 조롱의 의미로 박수갈채를 보낸 벨라루스의 '박수 시위'도 있고, 폭력적으로 시위를 진압하는 경찰들 앞에서 거울을 들고 서 있는 우크라이나의 '거울 시위'도 있습니다.

또 수단의 '팔꿈치 저항'도 있습니다. 오마르 알 바시르 대통령은 독재자인 자신에 반대하며 시위자들에게 쓸모없고 불가능한 일을 한다며 '그들은 자신의 팔꿈치를 핥고 있다'라고 말했습니다. 그 말을 들은 수단의 수천 명의 사람은 온라인에 자신의 팔꿈치를 핥는 사진을 올려 그것이 불가능한 일이 아니라는 메시지를 전파한 것이 바로 '팔꿈치 저항'입니다.

이처럼 폭력이 아닌 풍자와 해학이 가득한 창의적인 방법으로 실시한 비폭력 시위가 전 세계 곳곳에 정말 많다는 것을 알 수 있습니다.

우리나라에도 이 책에 실려야 할 사례가 하나 있습니다. 부정을 저지른 박근혜 정권을 몰아내기 위해 일어난 '촛불 시위'가 이에 해당합니다. 박근혜 전 대통령의 탄핵은 공정하고 정의로운 사회를 꿈꾸는 시민들이 자발적인 참여와 평화적인 운영으로 이뤄낸 것이라고 할 수 있습니다.

새로운 방식의 시위가 어떻게 사회를 바꿀까요?

"종종 독재자가 두려워해야 할 가장 위험한 것이 무기라고 말하는 것을 볼 수 있다. 하지만 사실 그렇지 않다. 독재자는 사람들이 자유롭게 되고자 할 때를 가장 두려워해야 한다. 일단 사람들이 그렇게 하기로 마음먹으면, 그들을 멈출 수 있는 것은 아무것도 없다." 1984년 노벨평화상을 수상한 남아프리카공화국의 인권운동가 데스몬드 투투 주교가 하신 말씀입니다. 한 연구 결과에 따르면 폭력적인 저항보다 비폭력 캠페인의 성공 확률이 2배 더 높다고 합니다. 폭력을 통해 사회를 변혁하면 이후 그 사회에서 안정성과 민주주의를 이룰 가능성은 적다는 것입니다. 정말 권력을 쥔 자가 가장 무서워해야 할 것은 시민들의 비폭력적인 저항입니다.

창의적인 방식의 시위가 사회를 변화시키는 이유는 아무도 관심을 가지지 않는 사회 문제에 단 한 사람이라도 목소리를 내면 주목을 끌 수 있기 때문입니다. 또한 그 방식이 쉽고 간단하거나 비폭력적일 때, 시민들은 이 운동에 자발적으로 참여하면서 잘못된 것을 인식하게 되고, 평화적으로 저항하는 방법을 배울 수 있습니다. 용기는 아주 빠른 속도로 전염되고 전파되어 변화를 만들어내게 되는 것이죠.

그러한 가능성을 몸소 실현하는 가장 중요하고 적절한 예시는 현재 스웨덴에서 환경운동을 하고 있는 '그레타 툰베리'라는 학생입니다. 그녀는 금요일마다 등교 거부를 하며 전 세계에 있는 학생들과 환경운동을 평화적인 방법으로 진행하고 있습니다. 툰베리는 "내가 주말에 시위했다면 아무도 신경 쓰지 않았을 것이다"라고 말합니다. 지금 지구상에 모든 존재가 처한 기후 위기를 해결할 수 없다면 학교에 가서 공부하는 것이 무슨 필요가 있는지를 묻는 그녀의 질문은 너무나도 절박한 것이고 또 공감할 수 있는 것이라, 전 세계의 청소년들이 그녀와 함께 운동에 동참하게 되었지요.

학업을 가장 중요하게 생각하는 우리나라 학생들은 기후 위기에 관심이 있더라도 주말이나 학교 일과를 마친 뒤 시간을 이용해 시위에 참여하거나, 아예 관심조차 두지 않는 경우도 많습니다. 하지만 우리에게도 충분히 능력이 있고, 마음이 있고, 시민의식이 있습니다. 자신감을 갖고, 툰베리처럼, 그리고 이 책에 나온 시민들처럼 좀 더 창의적이고 용기 있게 시위해야 한다고 생각합니다. 저부터 말이지요.

이 책을 읽고 함께 토론해봅시다

- 책에 소개된 것 중에서 자신이 생각했을 때 가장 창의적이며, 효과적으로 정치적인 목소리를 냈다고 생각하는 사례를 3가지 골라봅시다. 그리고 사례에 대해서 인터넷 검색으로 더 깊이 공부해보고, 그런 창의적인 정치적 기획이 어떤 의미가 있었으며 이를 통해 무슨 변화가 가능했는지를 조사해봅시다.
- 책의 마지막에 역자는 한국의 촛불집회를 민주주의 실현의 한 사례로 추가하였습니다. 실제로 대한민국은 3 · 1운동 때부터 비폭력적이고 창의적인 방법으로 정치적인 목소리를 내어온 역사가 있습니다. 이러한 변화는 작지만 더 자유롭고, 평화로운 세상을 꿈꾸는 마음에서 시작되었습니다. 지금도 여전히 세계의 수많은 문제가 새로운 방법으로 해결되기를 기다리고 있습니다. 여러분이 생각할 때 오늘날 변화가 필요한 우리 시대의 중대한 문제가 무엇인지 살펴보고, 이를 변화하기 위한 방법을 기획해봅시다.

함께 읽으면 좋은 책

『세계 곳곳의 너무 멋진 여자들』, 케이트 샤츠 지음, 이진규 옮김, 티티, 2018

『세상을 바꿀 용기』, 존 술림 지음, 정태영 옮김, 미래인, 2017

과학, 사람의 자리를 비추는 빛이 되어라

『사람의 자리』

• 김세영 (18세) •

책 속의 한 문장 ▸▸ "과학자든 아니든 공동체를 이룬 사람들의 삶은 과학의 행보와 무관할 수 없다. 하나를 알아낸 다음 또 무엇을 알아낼지, 하나를 마련한 다음 또 무엇을 마련할지 고민하면서 과학은 공동체의 삶 속에서 앞으로 나아간다. 과학은 공동체의 삶을 구성하고 이끌고 뒷받침하는 역할을 맡을 수 있고, 또 그렇게 할 때 가장 빛날 수 있다. 과학의 빛은 사람의 자리를 비춘다."

『사람의 자리』, 전치형 지음,
이음, 2019

과학기술의 발전은 우리가 많은 것을 할 수 있도록 만들어주었습니다. 통신기술의 발전으로 먼 곳의 소식을 빠르게 들을 수 있고, 생명과학기술의 발전은 질병으로 고통받는 사람들을 구해주었고, 식량 생산 기술의 발전으로 굶어 죽는 사람들이 줄어들었습니다. 2018년 EBS에서 방영한 다큐멘터리 〈4차 인간〉에서는 사람을 똑같이 복제한 로봇으로 인간의 빈자리를 대체하려는 이야기가 나옵니다.

복제하고자 하는 대상은 로봇공학자 데니스 홍으로, 바빠서 사랑하는 아들인 이튼과 매일 함께하지 못하는 상황이었죠. 외로워하는 이튼을 위해 데니스 홍은 '데니스홍봇'을 만들기로 결심합니다. 데니스홍봇이 있으면, 아빠의 빈자리를 느끼지 않을 수 있을 것이기 때문입니다. 저는 과학기술의 발전으로 데니스홍봇이 데니스 홍과 똑같아진다면, 데니스홍봇은 이튼 홍의 아빠가 될 수 있다고 생각했습니다. 이튼과 다정하게 놀아주고, 이튼의 이야기를 들어주는 좋은 아빠 말이지요. 그럼 데니스홍봇은 아들이튼에게 어떤 의미가 있을까요? 데니스홍봇이 과연 데니스 홍을 대체할 수 있을지 고민하던 중에 『사람의 자리』를 읽었습니다.

과학자 전치형 선생님은 과학은 공동체의 삶 속에서 앞으로 나아간다고 말합니다. 과학은 공동체의 삶을 구성하고 이끌고 뒷받침하는 역할을 맡을 수 있고, 또 그렇게 할 때 가장 빛날 수 있다고 말이지요. 데니스홍봇을 이 말에 비추어 생각해볼까요? 데니스홍봇이 들어가서 메꾸려고 하는 자리는 이튼의 아빠 역할입니다. 그럼 이곳에 왜 데니스 홍이 없었는가 다시 생각해봅니다. 데니스 홍이 이튼과 함께할 수 있는 시간을 더 많이 확보할 수 있도록 오히려 데니스홍봇은 데니스 홍의 일을 돕도록 만들 수는 없을까요?

전치형 선생님은 기계가 필요한 곳에 기계를, 사람이 필요한 곳에 사람을 두는 것을 잘 해야 한다고 말합니다. 결국 과학기술이 얼마나 데니스홍봇을 데니스 홍답게 만드느냐보다 더 중요한 것은, 올바른 자리에 데니스홍봇을 쓰는 것입니다.

기술이 사람의 자리에 들어온 시대에 우리는 기술의 개발보다, 기술이 놓이는 목적, 기술이 놓일 사람의 자리를 먼저 보아야 합니다. 기술이 놓일 자리에 왜 사람이 없는지 생각하고, 그 자리에 적절한 기술을 놓을 방법을 함께 논의해야 합니다. 기술은 사람이 만들고 사람이 놓는 것이기에 우리 인간이 추구하는 가치가 무엇인지, 그 가치가 옳은지를 먼저 물어야 합니다.

과학기술은 인간이 더 인간다운 삶을 살도록 해주었나요?

저는 학교에서 과학의 큰 특징은 가치중립성이라는 것을 배웠습니다.

과학은 철저히 수단이므로 이용하는 사람에 따라 악할 수도 이로울 수도 있다는 것입니다. 책에서는 '시민과학자' 박상표 국장님을 소개합니다.

2008년 광우병 위험이 있는 미국산 소고기 수입을 둘러싼 논쟁에서 크게 활약한 박상표 국장님은 많은 자료를 수집하고 분석하였습니다. 그리고 이 정보를 많은 사람에게 알리기 위해 노력하셨습니다. 과학이 아무 목적도 추구하지 않고, 과학적 사실을 밝히는 데에만 혈안이 되어있다면, 그 영향을 받는 사회에 큰 피해와 혼란을 초래할 것입니다. 따라서 과학자는 과학자이기 전에, 한 사람의 시민이라는 것을 자각해야 합니다.

저는 인간다움이라는 것은 무언가 목적을 가지고 행동하며, 자신을 성찰하는 것이라고 생각합니다. 따라서 지금처럼 과학이 사람들을 이끌어서 사람들이 수동적으로 기술에 뒤따라가는 것이 아니라, 인간다운 시민들이 많아져서 그 시민들이 과학을 인간적인 방향으로 끌어내야 한다고 생각합니다.

저는 인간이란 스스로 질문하고, 가치를 찾아가고, 존엄을 추구하는 존재라고 생각합니다. 그런 존재가 과학기술을 개발할 때 그 기술은 사람의 자리를 비추고, 세상은 분명 나아질 것입니다.

이 책을 읽고 함께 토론해봅시다

- 과학기술도 결국 인간이 만들었습니다. 그렇기 때문에 전치형 선생님도 끊임없이 과학의 발전 속에서 사람의 자리를 마련해야 한다고 말하고, 과학기술이 비춰야 할 사람의 자리가 무엇인가를 고민하지요. 사람의 자리란 절대 기계가 대신할 수 없는 인간의 조건의 다른 말일 것입니다. 그렇다면 인간답다는 것은 무엇인가요? 책을 읽으면서 발견하거나 생각하게 된 인간다움의 조건을 적어보세요. 그리고 "과학기술은 인간다운 삶을 살 수 있게 할 것인가?"에 대한 자신의 생각을 이야기해봅시다.

함께 읽으면 좋은 책

『로봇 시대, 인간의 일』, 구본권 지음, 어크로스, 2015

『철학, 과학기술에 다시 말을 걸다』, 이상헌 지음, 주니어김영사, 2016

말하지 못한,
그 꿈들

『그 꿈들』

· 김보민(15세) ·

책 속의 한 문장 ▸▸

“내 이름은 핫싼,

우리 가족은 뿔뿔이 흩어졌어요.

아버지가 전쟁터에서 돌아오지 못한 뒤로

우리는 줄곧 외삼촌 댁에서 살았대요.

(…)

형과 나는 약속한 게 있어요.

저렇게 으리으리한 빌딩은 아니더라도

조그만 집이라도 꼭 마련할 거예요.

그땐 집으로 초대할게요.”

『그 꿈들』, 박기범 지음,
김종숙 그림, 낮은산, 2014

국어사전에 '꿈'은 '실현하고 싶은 희망이나 이상, 또는 실현될 가능성이 아주 적거나 전혀 없는 헛된 기대나 생각'이라고 정의되어 있습니다. 같은 단어이지만 갖고 있는 뜻의 차이는 아주 크지요. 세상 사람들이 꿈을 하나씩만 갖고 있다고 해도, 이 세상에는 약 70억 개의 꿈들이 존재합니다. 소박한 것부터 거창한 것까지 꿈들은 실현 가능한 것이기도 하고, 때때로는 헛된 기대나 공상이기도 합니다.

박기범 작가의 그림동화 『그 꿈들』에는 이라크 전쟁 당시 포화 속에서 만난 사람들의 꿈이 담겨 있습니다. 사랑하는 사람이랑 평생을 함께하는 것, 축구선수가 되는 것, 조그만 집이라도 마련하여 손님들의 구두를 닦아 주는 것, 교실에서 아이들을 가르치는 선생님이 되는 것, 아이들이 한 집에 모여 즐겁게 사는 모습을 바라보는 것. 이토록 소박하고도 소중한, 애틋한 꿈들이 미처 피기도 전에 전쟁이라는 발에 참혹히 짓밟혀버렸습니다. 한 사람 한 사람의 얼굴을 마주하고 그들의 꿈에 대해 듣는 일은 뉴스를 통해 폭탄이 떨어지는 장면을 보는 것보다 훨씬 생생하게 전쟁의 참혹함과 악랄함을 느끼게 합니다.

포탄 하나가 날아올 때마다, 총알 하나를 쏠 때마다 그들은 집, 가족, 친구를 잃었습니다. 꿈을 지켜주겠다며, 안전하게 살 수 있도록 도와주겠다며, 민주주의를 찾아주겠다며 일으킨 전쟁에 그들은 모든 것을 떠나 보내야 했습니다. 국제방송센터(IBC)에 따르면, 이라크 전쟁의 전체 희생자 중 79%(127,980명)는 이라크 민간인으로, 그중 8.54%가 18세 이하의 어린아이들로, 사망한 숫자는 3,911명이나 된다고 합니다. 죄 없는 사람들을 이렇게나 많이 떠나보내야 할 정도로 전쟁은 중요한 것이었을까요?

여러분의 꿈은 무엇인가요?

우리는 꿈에 대해 생각하는 것을 두려워합니다. 우리에게 꿈이란 어느 대학을 갈지, 어떤 직업을 가질지와 같은 말이 되어버렸기 때문입니다. 그래서 꿈에 대해 묻는 것을 꺼리고, 말하기를 싫어하지요. 사실 꿈이라는 것은 미래에 대한 희망이고, 그 희망은 내가 어떤 사람이 되고 싶은지, 어떤 사람과 함께 행복하게 보내고 싶은지를 생각하는 일입니다. 그런데 그 일을 싫어하게 되었다니, 어찌 보면 참 불행합니다.

똑같은 시간 속, 똑같은 행성 속에서 전혀 다른 이야기들이 펼쳐지고 있습니다. 하지만 사람들은 그냥 '불쌍하다'라는 생각만 하면서, 지나가다 자선냄비에 거스름돈 얼마를 넣은 것으로 자기들은 선행을 베풀었고, 그 나라 아이들에게 큰 도움을 준 것처럼 행동합니다. 물론 얼마 안 되는 돈이라도 기부한다는 것은 의미있는 일입니다. 턱없이 부족한 구호 물품이긴 하지만 그래도 그 물품들이 있었기에 사람들이 끝까지 희망을 놓지 않고 버텼던 것이니까요. 하지만 여기서 멈추면 안 됩니다. 제가 말하는 '더 하는 것'은 단지 돈을 기부하는 것이 아닙니다. 공감과 이해를 하는 것입니다. 고통받는 이들과 함께 아파할 수 있는 마음이 가장 중요하다고 생각합니다. 지금 내가 있는 상황에 만족하거나 불평하지 않고, 내가 가진 소중한 권리를 누군가와 함께 나눌 수 있는 것이 진정한 도움이 아닐까요?

왜 세상엔 꿈을 말할 수도 없는 사람들이 존재하는 걸까요? 왜 이런 상황이 일어났는지, 또 이 꿈들이 이뤄질 수 있는 사회는 어떤 모습일지, 계속 질문해야 합니다. 직접 이라크에 찾아가지는 못하지만, 그 꿈들이 얼마나 소중하고 귀한 것인지 생각합시다. 그런 사람들이 많아질 때, 전쟁은 멈출 수 있기 때문입니다.

이 책을 읽고 함께 토론해봅시다

- 우리가 귀 기울여야 하는 목소리는 무엇일까요? 지구에 함께 살고 있지만 고통받는 존재는 누구인가요? 전쟁으로 억압받고 있는 시리아의 어린이에게, 가난하다는 이유로 치료받지 못하고 죽어가는 아프리카 기아 난민에게, 경쟁 속에서 오로지 정해진 길로만 가야 하는 대한민국 청소년에게 꿈은 소중합니다. 작고 약해서 우리가 마음을 움직여 들여다보아야 하는 존재들이 꿈꾸는 세상의 모습은 무엇일까요? 여러분이 그들의 꿈을 대신 그려주세요.

함께 읽으면 좋은 책

『바닷가 아이들』, 권정생 지음, 창비, 1988

『상상 라디오』, 이토 세이코 지음, 권남희 옮김, 영림카디널, 2015

평화로운 세계를 향해 울려퍼지는 만세 함성

『만세열전』

• 박윤지(16세) •

책 속의 한 문장 ▸▸ "선언서를 배포한 후 그다음 목표는 무엇인가? 각자에서 폭동소요를 일으킬 작정이었는가?"

"그건 아니오. 우리의 목적은 민족자결주의를 널리 알리고, 우리 민족에게 독립 의지가 있음을 만천하에 알리는 것이오."

이성근(순검, 1급 친일파)은 인상을 찌푸렸다.

"그게 가능하다고 생각하나? 도대체 이렇게 무모한 일을 벌이는 이유가 무엇인가?"

이번엔 인종익이 얼굴을 찌푸렸다. 같은 조선인이면서도 그 뜻을 전혀 이해하지 못하다니, 그런 그가 너무 한심하게 보였다. 인종익은 그의 눈을 똑바로 쳐다보며 말했다.

"우린 무모하다고 생각하지 않소. 지금이 가장 적기이고, 바로 지금 해야 할 일이 이것이라 생각하오. 원래부터 성공을 기대하고 한 일은 아니었소. 하지만 이번에 실패하면 누군가가 우리 뒤를 이을 것이오. 100명이 죽으면 100명이 나올 것이오. 인심은 물이요, 한강이오, 아무리 막아도 물은 새어 나오게 되지 않겠소?"

『만세열전』, 조한성 지음,
생각정원, 2019

『만세열전』은 3·1운동 100주년을 맞이하여 3·1운동의 기획자들, 전달자들, 실행자들을 소개하는 책입니다. 3·1운동은 식민 지배를 하던 일본에 조선의 민중들이 저항한 평화 운동이자, 자주적이고 독립적인 국가임을 외쳤던 역사적인 사건입니다. 대한민국 헌법 전문에 "유구한 역사와 전통에 빛나는 우리 대한민국은 3·1운동으로 건립된 대한민국임시정부의 법통"이라 나와 있듯, 3·1운동의 정신은 대한민국의 근본이라고도 할 수 있습니다. 이처럼 대한민국이라는 나라를 만들 수 있었던 것은 3·1운동이 있었기 때문이 아닐까 싶습니다. 그런데 3·1운동은 어떻게 탄생하게 되었을까요?

3·1운동이 어느 날 갑자기 만들어진 것은 아닙니다. 수많은 사람의 노력과 헌신이 있었기 때문에 성공할 수 있었습니다. 먼저 모두가 절망할 때, 결연히 촛불을 밝히며 3·1운동을 기획한 사람들의 수고가 있었습니다. 여운형과 신한청년당, 손병희와 천도교인들, 이승훈과 기독교인들 등

3·1운동은 천도교, 기독교, 불교 인사들과 학생, 해외 거주 조선인 등 많은 사람이 함께 계획했으며 끝까지 비밀을 유지함으로써 성공의 밑거름을 깔아주었습니다.

두 번째로 희망의 빛이 방방곡곡 비출 때까지, 목숨 걸고 횃불을 든 사람들인 3·1운동의 전달자들이 있었습니다. 보성사 사무원 인종익, 배재보고 2학년 김동혁, 지하신문과 격문을 만든 사람들 등 식민지라는 어두운 사회 속에서 빛을 밝혀주고자 용기를 내어 자신의 위치에서 묵묵히 3·1운동을 전파하기 위해 노력한 사람들이 있었기에 3·1운동뿐만이 아니라 당시 우리 민족이 처해 있는 어려움과 부당함 또한 알리는 데 도움을 주었습니다.

마지막으로 3·1운동을 직접 이끌었던 사람들, 바로 만세시위자들입니다. 열 살 아이부터 학생과 교사, 순사보까지 수많은 사람이 3월 1일 파고다 공원에 나가 만세를 외쳤습니다. 또한 만세시위는 3월 1일 이후에도 이어졌으며 갈수록 많은 사람들이 만세시위에 참여하였습니다.

우리는 3·1운동을 통해 알 수 있게 되었습니다. 바로 평범한 사람들이 가진 위대한 힘을 말입니다. 많은 사람들의 노력 덕분에 더 많은 사람들이 용기를 얻었고 모두가 한마음으로 3·1만세운동을 이끌었습니다. 특히 이 책에선 학생의 사례가 많이 나옵니다. 수많은 학생들이 3·1운동에 참여했다는 이유로 잡혀갔고, 심문을 받아야 했습니다. 학생들은 왜 거리로 나섰냐는 물음에 "난 조선 사람으로서 반드시 해야 할 일을 한 것입니다. 그것은 좋은 일도, 나쁜 일도 아니었습니다. 그저 당연한 일일 뿐이었습니다"라고 말입니다. 겨우 16세에서 19세 사이의 청소년들이 말이지요.

지금 이 나이 또래의 대한민국 청소년들은 대학 입시를 준비하며 바쁜

게 살아갑니다. 오직 생활기록부를 위해 학교 선생님께 부당한 대우를 받아도 나서지 못하고, 성적관리를 하느라 자신들이 이끌어가야 하는 대한민국의 미래에는 관심이 없습니다. 3·1운동에 참여하였던 그 당시 학생들의 열정과 희망 찼던 눈빛들을 지금 청소년에게서는 찾을 수가 없습니다.

오늘날 우리가 이어가야 할 정신은 무엇일까요?

사회가 무너져갈 때 목소리를 낸 사람들은 누구인가요? 그들은 특별히 높은 직위나 권위를 가진 사람들이 아니었습니다. 3·1운동을 기획하고 이끌어나갔던 사람들은 누구인가요? 그들 역시 모두가 우러러보는 거창한 인생을 살고 있었던 사람들은 아니었습니다. 세상에 대한 호기심과 정의감이 피어나 그 누구보다도 열정적이고 밝았던 저와 비슷한 나이의 학생들부터, 다음 세대가 살아야 할 세상을 조금이라도 바꾸기 위해 살아온 세월만큼 허리가 굽은 노인분들까지. 고통을 겪던 시민들은 세상을 바꾸기 위해 한 발씩 나아갔고, 그 발걸음은 우리 세대에 큰 도움을 주었습니다.

그리고 이제 우리 세대는 또 다른 세대를 위해 세상을 바꾸려 한 발씩 내디뎌야 합니다. 하지만 나 혼자 이 세상을 바꿀 수는 없습니다. 그 문제를 제대로 알아야 하고, 문제를 해결하기 위한 비폭력적인 방향도 제시하여야 하고, 가장 중요한 실천을 하여야 합니다. 또한 한 사람의 용기가 수많은 사람들의 용기를 불러일으킬 수 있었다는 것을 깨달아야 합니다. 많은 사람들이 나 혼자만 용기 내면 아무것도 달라지는 것이 없다고 말합니다. 하지만 한 명이라도 용기를 내면, 그 용기는 전염됩니다.

세상을 바꿀 수 있는 사람은 그 어떤 권력자도 아닌 바로 나라는 사실을, 그 '나'들이 합쳐져 '우리'가 될 때, 우리가 바라는 세상을 만들 수 있는 것이라고 3·1운동은 제게 말해주었습니다. 그리고 직접 거리에 나서든, SNS를 사용하든 우리가 그 운동을 이어나갈 시간이 되었습니다.

이 책을 읽고 함께 토론해봅시다

- 책에는 우리가 몰랐던 무수히 많은 사람이 소개되어 있습니다. 신문을 만들었던 사람, 그것을 인쇄한 사람과 전달한 사람들, 더불어 학생이지만 무엇이든 하고자 했던 이들 역시도 실명으로 소개되어 있지요. 여러분에게는 어떤 사람이 가장 기억에 남나요? 그 이유도 함께 이야기해주세요.
- 1919년의 광장에서는 일본의 부당한 식민 지배를 물리치고 자유와 평화를 염원했다면, 오늘날 우리가 저항하고 또 맞서 싸워야 할 것은 무엇인지, 더불어 우리가 나아가야 할 세계의 모습은 무엇일지 생각해봅시다.

함께 읽으면 좋은 책

『양심을 지킨 사람들』, 김형민 지음, 다른, 2016

『Doing Democracy 두잉 데모크라시』, 인디고 서원 지음, 궁리, 2017

선량한 차별주의자 벗어나기

『선량한 차별주의자』

• 박보정(15세) •

책 속의 한 문장 ▸▸ "차별을 둘러싼 긴장들은 '내가 차별을 하는 사람이 아니면 좋겠다'는 강렬한 욕망 혹은 희망을 깔고 있다. 정말 결정해야 하는 것은, 그럼에도 불구하고 세상의 불평등과 차별을 직시할 용기가 있느냐는 것이다. 차별에 민감하거나 둔감할 수 있는 자신의 위치를 인식하며, 너무나도 익숙한 어떤 발언, 행동, 제도가 차별인지도 모른다는 의심으로 세상을 볼 수 있는가? 내가 보지 못한 차별을 누군가 지적했을 때 방어하고 부인하기보다 겸허한 마음으로 경청하고 성찰할 수 있는가?"

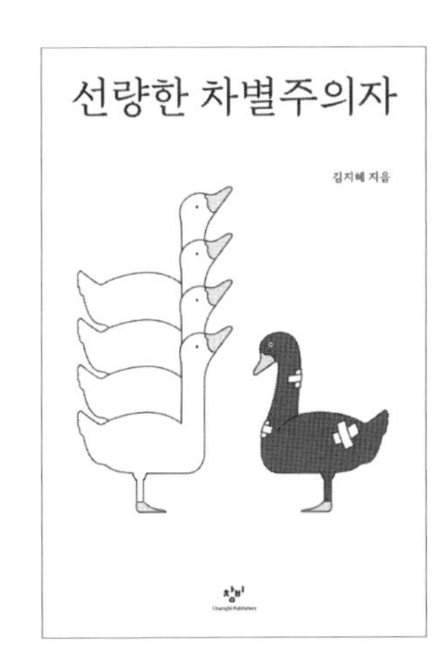

『선량한 차별주의자』, 김지혜 지음,
창비, 2019

일상에서 많이 사용하는 말 중 우리도 모르게 차별의 의미를 담고 있는 것들이 많습니다. 선택을 잘 하지 못하는 우유부단한 성격의 사람을 '결정장애'라고 부르거나, 이주민에게 "한국인이 다 되었네요"라는 말이 그렇습니다. 왜 이런 말이 차별의 언어냐구요? 장애라는 말을 모자라고 부족하다는 뜻을 전제하고 쓰기 때문이며, 한국인이 다 되었다는 말은 끝끝내 한국인으로 완전히 인정하지 않겠다는 뜻이기 때문입니다.

『선량한 차별주의자』는 우리가 평소에 생각하지 못한 부분이 차별이 될 수도 있다는 것을 말해주는 책입니다. 대부분의 인간은 악해지길 원하지 않습니다. 하지만 나의 선하고자 하는 마음과는 달리, 잘 몰라서, 알려고 하지 않아서 다른 사람에게 상처 주는 일이 많습니다. 선량한 마음만으로는 평등이 이루어지지 않음을, 선량한 차별주의자가 되지 않기 위해 익숙한 것을 넘어 다른 세상을 상상해야 합니다.

우리는 왜 선량한 차별주의자가 되는 것일까?

제가 다니는 학교는 규모가 굉장히 큽니다. 그만큼 다양한 학생들이 있습니다. 일본 애니메이션을 좋아하는 친구들, 양성애자인 친구들, 비혼주의자인 친구들, 또는 여혐을 하거나 남혐을 하는 친구들 등. 때로는 소수에 속하는 취향을 갖고 있는 친구들을 향해 비난하는 말들이 쏟아집니다. 그 말들이 잘못되었음을 알고 있으면서도 저는 아무런 말을 하지 않거나, 부끄럽지만 같이 그런 차별의 말을 하며 웃기도 합니다. 아니면 그런 친구들을 보면 거리를 두기도 합니다. 방관하는 저의 태도가 실제 차별을 당하는 친구에게는 적극적으로 폭력을 가하는 아이들과 똑같이 보일 것입니다.

학교에서만 그럴까요? 제가 다니는 과학학원은 지점도 여러 개인 규모가 큰 학원입니다. 과학고등학교에 진학한 대다수가 이 학원을 거쳐 갔을 만큼 유명한 학원입니다. 이 학원의 수업방식을 소개하자면 실력별로 4개의 반으로 나눕니다. 제일 잘하는 반이 1반 그다음 2반, 3반, 4반 이렇게 순서대로 나뉘어 있지요. 1반 친구들은 최상위 과학고등학교를 목표로 하고, 나머지 반은 그 이하의 과학고등학교를 목표로 하는 친구들입니다. 반마다 선생님들이 학생을 대하는 태도는 다릅니다. 4반의 학생들에게는 선생님들이 거칠고 억압적으로 말씀하셔서, '이렇게까지 하면서 내가 과학고를 가야 할까'라는 생각을 하게 합니다. 네 시간의 수업시간이 무척 견디기 힘들다고 해요. 인격적으로 무시하는 선생님의 태도는 학생들을 지치게 만든다고 생각합니다.

선생님이 학생들을 차별한다는 뻔한 이야기라고 여길 수 있겠지만, 상처받는 학생들의 마음은 뻔하지 않다고 생각합니다. 과학고등학교를 가려면 그 정도는 해야 한다고 말하는 순간, 차별은 당연한 것이 됩니다. 그 위험한 생각이 사회의 부조리가 바뀌지 않게 합니다. "너 그거 하고 싶으면 이것부터 따라해"라고 말하지 않는 것이 우리가 차별을 없애는 첫 번째 접근입니다.

선량한 차별주의자는 우리 모두의 이름입니다. 조금만 민감하게, 예민하게, 새로운 눈으로 살펴보면 곳곳에 차별이 있지요. 그런데 변화의 희망은 있습니다. 바로 '선량한' 사람들이기 때문이지요. 선하고자 하는 마음이 오해되거나 왜곡되지 않도록, 내가 한 말과 행동이 차별적인 것이 아니었나 항상 생각하고 살펴보아야 합니다.

이 책을 읽고 함께 토론해봅시다

- 책을 읽으며 스스로도 깜짝 놀랄 만큼 자신의 차별주의자적 모습을 발견한 부분을 정리해보세요. 혹은 책의 내용을 근거로 내가 차별받았다는 사실을 발견한 부분도 좋습니다. 우리 주변에 얼마나 많은 차별이 있는지 책을 꼼꼼히 읽으며 정리해보세요.
- 책의 마지막에서 저자 선생님은 그저 선한 마음으로 평등을 만들 수 없고, 적극적인 접근이 필요하다고 말씀하십니다. 여러분이 속한 공동체(가족, 학교, 학원, 마을 등)에 적용해야 한다고 생각하는 평등의 원칙이나 제도, 문화는 무엇인가요? 우리가 더 이상 선량한 차별주의자가 되지 않기 위해 지금 당장 필요한 것이 무엇인지 생각하여, 개인적으로 실천하거나 도입하면 좋을 방법을 써보세요.

함께 읽으면 좋은 책

『나만 잘 살면 왜 안 돼요?』, 이치훈, 신방실 지음, 북트리거, 2019

『차별한다는 것』, 권용선 지음, 너머학교, 2018

그들이 우리다

『아이들의 평화는 왜 오지 않을까?』

• 김유비(18세), 정수영(15세) •

책 속의 한 문장 ▸▸ "위령이 소매로 눈물을 쓱쓱 문지르며 스틱을 바로 잡고 드럼을 치기 시작했다. '구월의 마지막 날 깨워 달라'는 곡을 위령은 끝까지 연주했다. 박수갈채가 쏟아졌다. 공연을 끝내고 아들이 말했다.

"이 공연은 무엇보다 우리 자신을 위한 공연이었습니다. 노래를 한 모하메드는 팔레스타인에서 온 난민이고, 키보드를 맡고 있는 프레드는 멕시코에서 왔으며, 드럼은 베트남에서 보트를 타고 미국으로 건너온 아버지를 둔 소녀 위령입니다. 그리고 저는 한국에서 온 유학생이에요. 모두 꽃을 피우려고 미국 땅에 왔습니다. 지금은 뿌리를 내리느라 애쓰는 중이고요!""

『아이들의 평화는 왜 오지 않을까?』,
강안 지음, 웃는돌고래, 2019

『아이들의 평화는 왜 오지 않을까?』는 저자가 '이민자의 나라'라고 불리는 미국에서 체류하는 동안 만난 이민 청소년들의 이야기를 담고 있습니다. 멕시코에서 밀입국한 부모를 따라 미국에 들어온 프레드, 팔레스타인 난민으로 난민촌에서 태어난 모하메드, 베트남 왕족 출신이지만 보트피플이 되어 미국에 온 위 빈, 한국에서 와서 엄마를 잃고 할머니와 사는 정민이, 그리고 한국에서 따돌림을 경험한 선우와 경은이 이야기는 세계 난민 7천만 명의 시대에 우리의 아픈 얼굴입니다.

사실 저는 난민에 대해 잘 모릅니다. 그래서 어머니께 여쭤보니 우리도 예전엔 난민이었다고 말씀하셨습니다. 한국전쟁이 일어났을 당시 부산으로 피난 온 이들 모두가 국내 난민이었다는 것이지요. 피난 온 사람들이 전쟁을 피해 점점 산으로 올라가서 집을 짓고 살게 되었고, 지금까지도 다닥다닥 붙은 집들이 산중턱에 자리하게 된 것이라고 합니다.

한국전쟁 이전에 일제강점기 때도 다른 나라로 피난 가야 했던 사람들이 정말 많았습니다. 그때 우리가 그랬듯, 난민의 경우 대부분 자신이 원해서 자신의 조국을 떠났다기보다, 살기 위해 어쩔 수 없이 그 선택을 해야만 합니다. 언제라도 조국의 상황이 나아지면, 돌아가고 싶은 것이 그들의 마음일 것입니다. 하지만 북한에서 피난 온 사람들이 남북이 분단된 바람에 돌아가지 못한 것처럼, 상황이 개선되지 않거나 자신의 힘으로 어찌할 수 없는 상황에 놓여 난민 생활을 지속할 수밖에 없는 경우가 많습니다.

난민 문제를 어떻게 바라봐야 할까요? 함께 잘 살아갈 수 있는 방법은 무엇일까요?

2018년 6월 1일, 내전을 피해 안전한 장소를 찾던 예멘인 난민 561명이 제주도에 도착하였습니다. 몇몇 시민단체와 제주도민들은 한국에 도착한 난민들에게 숙식과 일자리를 제공하는 등 도움을 주려 하였지만, 이를 바라보는 여론의 시선은 차가웠습니다. '범죄율이 높아질 것이다', '일자리가 줄어든다'는 등의 이유로 난민 수용을 반대했습니다. 청와대 청원 게시판에서 예멘 난민 수용에 반대하고 난민법을 폐지 또는 개헌하자는 내용의 청원에 무려 71만여 명이 동의했습니다.

이처럼 우리 사회는 난민에게 우호적이지 않습니다. 다수의 사람은 난민이 들어오면 우리 사회에 부정적인 영향을 끼칠 것이라 생각하며, 심지어 난민 신청자들이 취업을 목표로 입국한 '가짜 난민'일 것이라고 굳게 믿고 있습니다. 난민에 대한 무지함, 테러에 대한 공포, 언론과 SNS를 통해 확산되는 유언비어 등 여러 악조건이 겹쳐 이러한 상황을 초래하였습니다.

그런데 알고 계신가요? 우리나라는 아시아 최초로 난민법을 만든 나라입니다. 난민법은 난민에 필요한 인도적 지원을 할 수 있는 것을 제도적으로 마련하기 위해 만들어진 법입니다. 법은 가장 기본적으로 지켜져야 할 규칙이고, 법이 명시하는 가치와 원리에 비추어볼 때 잘못된 관행은 사라져야 마땅합니다. 법을 일일이 다 외우고 다니지는 않지만, 그 법이 만들어지기까지 분명 우리 사회가 지향하는 가치가 있었다는 사실이 중요한 것이지요. 그러한 지점에서 난민법이 우리나라에 있다는 것은, 난민도 인간답게 대우받고, 자기 삶을 결정하고 행복을 추구할 권리를 충분히 인정한다는 것을 의미합니다.

아무리 법이 있다고 하더라도 너무 멀리 떨어져 있으니 예멘이 우리나라와 아무 관련이 없는 나라라고 생각하시나요? 그렇다면 예멘은 정부군과 반군의 분쟁으로 전쟁 중인데, 양측 모두에 우리나라가 생산한 무기를 수출하고 있다는 사실은 알고 있나요?

우리가 조금만 더 알고자 노력한다면, 잘 모르는 것에 대해 조금만 더 겸손하고 신중하게 생각한다면, 무작정 난민에 대해 비판적인 시각만 갖지 않을 것 같습니다. 물론 문화가 다르고 언어가 다른 사람들이 우리나라에 정착하는 일은 쉽지 않고, 여러 가지 고려해야 할 점이 많습니다. 하지만 우리는 그 무엇도 해보려고 하지 않고 가장 최악의 상황만 생각하고 있지는 않나요?

'우리'라고 하는 말은 '그들'이라는 배타적인 관계를 만든다고 합니다. 하지만 그들이 우리라고 생각한다면, 우리라는 말은 더 정겹고 친절한 말이 될 수 있습니다. 어렵지만, 최악의 경우가 있을 수도 있지만, 그럼에도 불구하고 그들이 우리라는 마음으로 난민 문제를 다시 생각해보면 어떨까요?

이 책을 읽고 함께 토론해봅시다

- 책에서 소개하는 이야기 중에서 가장 공감이 가는 이야기를 골라봅시다. 그리고 여기서 왜 이런 아픔을 겪게 되었으며, 지금은 어떻게 살고 있는지에 대해서 추가로 조사해봅시다.
- 2018년, 서울 아주중학교의 같은 반 친구가 난민 인정을 받지 못해 자기 나라로 추방될 위기에 처하자, 반 친구들이 국민청원을 올리고 1인 시위를 하는 등 발 벗고 나섰습니다. 기독교로 개종을 했다는 이유로 이슬람 국가인 조국으로 돌아가면 사형을 받을 가능성이 컸기 때문입니다. 비록 태어난 나라는 다르지만, 우리와 똑같이 밥을 먹고 이야기를 나누고 공부를 했던 친구를 사지로 내몰 수 없었던 친구들은, 그 친구가 한국에서 추방되어야 할 이유가 하나도 없음을 호소하였고, 그들의 정성은 끝끝내 난민 인정까지 성사시켰습니다.

  아주중학교 친구들이 말했듯, 그들은 우리입니다. 난민도 충분히 인간다운 대우와 존중을 받아야 합니다. "그들이 우리다"라는 제목으로 한 편의 글을 써봅시다. 나아가 난민과 함께 살아갈 수 있는 세상의 꿈을 담은 법안을 만들어봅시다.

함께 읽으면 좋은 책

『처음 하는 평화 공부』, 모가미 도시키 지음, 김소라 옮김, 궁리, 2019

『헌법 수업』, 신주영 지음, 들녘, 2018

3부
…
공생, 더불어 행복을 만들어가는 힘

1755년 리스본에서 지진이 일어나 수십만 명이 죽는 재앙을 목격했던 당대의 철학자들은 신의 존재를 의심합니다. 당시는 모든 것이 신의 뜻에 따라 움직인다고 생각했기 때문입니다. 그런데 대규모 참사 역시 신의 계시로 생각하기에는 너무나 참혹하고 비통했습니다. 눈앞에서 사람들이 처참하게 죽어가는 모습은 이 세상에 대한 시각을 근본적으로 뒤흔들었습니다. "아, 이 세계는 신이 만든 최선이 아니었다. 이 세계에서 일어나는 비극에 대해 나는 무엇을 해야 하는가!"

이 질문은 오늘날에도 유효합니다. 여전히 세계 곳곳에서 일어나는 수많은 비극들이 있고, 그에 대한 책임은 우리 모두에게 있기 때문입니다. 임시방편의 대책만으로 혹은 하나의 문제만 보고 만드는 해결책으로는 거대한 문제들을 뚫고 나가기 어렵습니다. 더 크고 복잡한 문제들이 계속 생겨날 가능성이 큽니다.

지금 이 시대가 직면한 위기에 대해 우리가 가진 인간 중심의 사고는 공생의 삶에 대한 자각으로 이어져야 합니다. 이 모든 것을 해결할 힘은 사랑에 있습니다. 크나큰 슬픔과 고통과 비통함과 처절함을 경험하고 그것을 뚫고 나가는 힘은 오직 사랑으로만 가능합니다. 이 말이 결코 나약하다고 할 수 없는 것은 이 세계가 직면한 어려움에 맞서 평생을 저항했던 이들이 공통적으로 경험을 통해 찾아낸 진리이기 때문입니다. 그러므로 우리에게 필요한 것은 바로 그 사랑의 힘을 찾아 행복을 만드는 일입니다.

정의로운 세계를 향한 혁명의 책읽기

『다라야의 지하 비밀 도서관』

· 최은수(18세) ·

책 속의 한 문장 ▸▸ "우리 주위의 모든 것이 무너져 내리는 때, 우리는 저항의 상징으로 무언가를 세웠습니다."라고 아흐마드가 분명하게 말했다. 아흐마드는 생각에 잠긴 채 잠시 말을 멈추었다. 그러고 나서 내가 절대 잊을 수 없을 한마디를 했다.
"우리의 혁명은 파괴를 위한 것이 아니라 건설을 위한 것입니다."

"전쟁은 역효과를 낳았어요. 사람들을 변하게 하고 감정과 슬픔, 두려움을 죽였어요. 전쟁하고 있을 때, 사람들은 세상을 다르게 바라봅니다. 독서는 이러한 기분 대신 살아갈 힘을 줍니다. 우리가 책을 읽는 것은 무엇보다 인간성을 유지하려는 것이에요."

『다라야의 지하 비밀 도서관』,
델핀 미누이 지음, 임영신 옮김, 더숲, 2018

세상에서 가장 절실한 책읽기에 대한 이야기를 담은 책이 있습니다. 바로 『다라야의 지하 비밀 도서관』인데요. 이 책은 35만 명이 넘는 사망자가 발생하고 1100만 명 이상의 난민을 낳은 시리아 내전의 주요 도시 중 한 곳 다라야에서 일어난 놀라운 혁명과 저항의 이야기를 들려줍니다. 도시가 봉쇄되어 식량과 의약품이 끊긴 채 하루하루 전쟁의 공포 속에서 살아가지만, 다라야의 사람들은 삶을 포기하지 않습니다. 그 증거 중 하나가 바로 청년들이 무너진 건물 속에서 발견한 책으로 지하 도서관을 만들기 시작한 것입니다. 당장 내일 죽을지도 모르는 위험 속에서 그들은 책을 읽기 시작했습니다. 이들에게 책을 읽는 것은 어떤 의미였을까요?

전쟁은 무자비합니다. 사람들에게서 소중한 것들을 앗아가지요. 이 비밀 도서관을 자주 이용했던 청년인 오마르는 독서는 인간성과 생명을 유지하는 데 꼭 필요한 것이라고 말했습니다. 이 청년들의 이야기를 읽는 내내 절박함이 느껴졌습니다. 이들에게 독서는 죽음의 위협이 도사리는 도시 속에서 조금이나마 두려움을 누그러뜨리는 희망의 힘이었습니다. 동시에 비밀 도서관은 전쟁 이후의 새로운 세상을 꿈꾸고, 다양한 사상을 토론하는 공적 토론의 장이기도 했습니다. 이 청년들은 쏟아지는 폭격 속에서 가만히 두려움에 떠는 것이 아니라 책읽기를 통해서 적극적으로 저항하고 있었습니다.

책을 읽어야 하는 이유는 무엇일까요?

이런 절실한 책읽기에 비하면 지금 우리의 책읽기는 한없이 부끄럽습니다. 우린 다라야보다 훨씬 더 풍요롭고, 평화로운 사회에서 살고 있지만, 이들만큼 책을 읽지 않습니다. 많은 매체에서 여전히 책읽기의 중요성을 말하지만 지금 우리에게 책읽기는 절실하지 않은 것 같습니다. 왜 우리는 책을 읽지 않게 되었을까요?

"우리의 혁명은 파괴를 위한 것이 아니라 건설을 위한 것입니다"라는 다라야 청년 아흐마드의 말처럼, 이들의 혁명은 총을 들고 싸우는 것이 아니라, 젊은이들이 책을 읽고 도서관을 만들어 지식을 나누는 것이었습니다. "모든 단어, 즉 폭탄에 저항하는 지혜와 희망 그리고 과학과 철학의 언어로 전율했다. 책장 선반 위의 완벽하게 분류된 언어들은 견고하고, 꿋꿋하고, 자신감이 넘치며, 강인하고, 용맹하며, 믿을 만하고, 진실이 깃들어 있었다. 이 문장들은 성찰의 궤적과 수많은 사상, 해방을 위한 이야기들을 전해주었다. 온 세상이 손안에 있었다." 그렇게 책을 읽으면서 젊은이들은 세상을 책에 나오는 사상들로부터 비롯된 다양한 관점을 가지고 바라볼 수 있게 되었고, 전쟁의 근본적인 문제점과 취해야 할 방향도 찾아 나갈 수 있었습니다. 그들이 건설해 나간 것은 단순 지식뿐 아니라 인간답게 살기 위해 처절하게 전쟁과 폭력에 반대하는 노력, 각종 부조리와 전쟁의 공포 속에서도 읊조렸던 평화의 언어들입니다. 그렇게 만들어나간 꿋꿋한 저항이었습니다. 이들은 책을 읽으면서 배고픔을 잊고, 저항하는 방법을 배우고, 언어로써 평화적인 '시민의 힘'을 키운 것입니다.

독재자들은 깨어 있는 시민을 무서워합니다. 시민들은 무엇이 왜 잘못되었고 어떻게 그 잘못을 고쳐나갈 수 있는지 알고, 또 이를 변화시킬 수 있는 능력이 있기 때문입니다. 책은 그러한 시민의 힘을 성장시키는 수단이자 사회가 나아갈 방향을 그리는 방법 그 자체일 것입니다. "당신이 읽는 법을 알게 될 때, 당신은 영원히 자유로울 것이다"라는 최초로 흑인 노예 해방운동을 이끈 프레드릭 더글러스의 말처럼 책은 인간을 자유롭게 하고, 인간답게 살 수 있게 하는 능력을 가지고 있습니다.

그렇기 때문에 우리에게 지하 비밀 도서관이 필요합니다. 자신의 이익만을 중요시하는 사회와 학교에 맞추는 것이 아니라 책이 주는 깊고 진한 언어와 정서를 느끼며 시민의 힘을 길러야 합니다. 마치 다라야의 젊은이들이 새로운 시대를 위해 책을 집어든 것처럼 말입니다. 굳건한 시민의 힘을 기를 때 우리는 분명 더 진실한 세상을 만나고, 인간다운 삶을 살아갈 수 있으리라 생각합니다. 이것이 다라야의 청년들이 우리에게 말하는 바이자, 다가오는 공생의 시대에 세계 시민에게 요청되는 바라고 생각합니다.

이 책을 읽고 함께 토론해봅시다

- 쏟아지는 폭격 속이지만, 다라야의 청년들에겐 지하 도서관이 있어 책을 읽을 수 있었습니다. 어려운 상황에도 다라야의 청년들이 책을 읽는 이유를 말하는 문장을 찾아봅시다. 그리고 이 세계에 '다라야의 지하 비밀 도서관'이 필요한 사람들이 또 누가 있을지 찾아보고, 그 이유까지 함께 써봅시다.
- 우리는 다라야보다 훨씬 더 풍요롭고, 평화로운 시대를 살고 있지만, 이들만큼 책을 읽지 않습니다. 왜 우리는 책을 읽지 않고, 책 읽는 것이 어렵게 되었을까요? 그럼에도 불구하고 우리가 책을 읽어야 하는 이유에 대해서 써봅시다.

함께 읽으면 좋은 책

『동학에서 미래를 배운다』, 백승종 지음, 들녘, 2019

『읽는 인간』, 오에 겐자부로 지음, 정수윤 옮김, 위즈덤하우스, 2015

질문하고 또 질문하기

『행복이 정말 인생의 목표일까?』

• 전서영(15세) •

책 속의 한 문장 ▸▸ "여러분이 어려서 많은 질문을 던졌던 것은 여러분이 타고난 철학자이기 때문이에요. 어린아이들은 질문을 부끄러워하지 않고 의문 나는 것이면 무엇이든 물어요. 그런데 자라면 우리는 아마도 모두가 같은 생각을 하게 될 것이고, 나와 너의 차이도 잘 모르게 될 거예요. 내가 사는 세상은 어떤 세상인지, 그 속에서 사는 나는 어떤 사람인지를 묻는 것은 그렇게 단조로운 세상에서 살지 않기 위해서 꼭 해야 할 일이에요."

『행복이 정말 인생의 목표일까?』,
이유선 지음, 나무를심는사람들, 2018

우리는 일생 동안 많은 질문을 합니다. 어릴 적에는 주변을 둘러싼 모든 것들에 호기심을 갖고 질문합니다. 하지만 학교에 가고 나이가 들면서, 질문의 양은 점점 줄어듭니다. "물어볼 거 있는 사람?"이라는 질문을 던졌을 때 초등학교 저학년 교실에서는 "저요! 저요!" 하는 소리가 가득하지만, 초등학교 고학년을 지나 중학교 교실에서는 손을 드는 모습조차 찾아보기가 힘들어집니다. 질문하는 것에 눈치를 보기 시작하다가 나중에는 정말 질문이 없는 상태가 되어버리죠.

하지만 새롭고 활기찬 변화가 있는 세상을 위해서 우리는 질문하기를 꺼리면 안 됩니다. 질문하는 일은 인간다운 삶을 살기 위해 꼭 필요합니다. "왜 착하게 살아야 할까?", "내가 사는 세상이 과연 진짜 세상일까?", "행복은 정말 인생의 목표일까?"와 같은 질문들을 통해 우리는 자신에 대해, 나아가 세상에 대해 알게 될 것입니다. 특히 사춘기에 접어든 우리는 "나는 누구인가?"라는 질문을 끊임없이 해야 합니다. 『행복이 정말 인생의 목표일까?』는 바로 그런 인생의 본질적인 질문들이 철학이라는 사실을 알려주는 책입니다.

행복은 정말 인생의 목표일까?

여기서 행복이란 무엇일까요? 행복은 자신이 추구하던 일을 해냈을 때 오는 '큰 성취감'과 같은 거창한 것일 수도 있고, 일상 속에서 맛있는 것을 먹었을 때 느끼는 '즐거움과 만족감'일 수도 있습니다. 어쨌든 행복을 미래에 올 것으로 정해두고 현재를 참아내는 일은 즐겁지 않을 수 있습니다. 공부를 어려워하는 학생들에게 "지금 이걸 참아내면 나중에는 성공해서 행복해질 거야"라는 말은 맞을까요? 또 어쩌면, 우리는 자연스럽게 항상 행복을 추구하고 있는지도 모릅니다. 되도록 안 아팠으면 좋겠고, 안 힘들고 안 슬펐으면 좋겠는 마음처럼 말이죠. 그렇지만 행복은 과연 슬픔의 반댓말 일까요? 슬프면서도 행복하다는 감정을 느낄 수도 있습니다. 행복에 대해서도 너무 생각할 것이 많습니다.

"행복은 정말 인생의 목표일까?"라는 질문으로 돌아가서, 애초에 삶의 목표라는 것이 존재할 수 있을까요? 인생은 화살을 쏠 때처럼 목표를 정해놓고 일어날 수 있는 일인가요? 인생에서는 너무나도 많은 바라지 않은, 예기치 않은 일들이 등장하는데도요? 인생이 하나의 화살이라면, 그 화살이 정확하게 향해 가고 있는 것은 죽음이 아닐까요? 죽음 앞에서는 삶이 아무것도 아니게 됩니다. 끊임없이, 지금 이 순간에도 죽음을 향해 다가가고 있는 삶 속에서 목표를 정하는 일은 의미 없는 일일지도 모릅니다. 언제나 죽음이 곁에 있는 삶에서, 우리는 니체의 말처럼 '아모르 파티'를 실천하며, '현재의 나'에 집중하여 살아가는 일이 현명할지도 모릅니다.

같은 질문을 하더라도 나올 수 있는 답은 수만 가지입니다. 이러한 질문들과 대답들이 모여 나를 구성하고 견고하게 만들어줄 것입니다. 지금 이 순간, 가장 궁금한 것은 무엇인가요? 그것에 대해 충분히 고민해볼 수 있기를 바랍니다.

이 책을 읽고 함께 토론해봅시다

- 책에 제시된 40개의 질문과 설명 중에 자신이 흥미롭게 읽은 내용을 하나 골라 질문의 의미와 나만의 답변을 적어봅니다. 예를 들어, "경쟁은 좋은 건가?", "공부 좀 못하면 안 되나?", "로봇이 인간이 될 수 있을까?" 등 평소에 생각했던 질문이나 새롭게 알게 된 재미있는 질문을 골라 나름의 설명을 해봅시다.
- 이 책의 제목은 "행복이 정말 인생의 목표일까?"입니다. 철학적 질문들은 "행복이란 무엇인가"라는 물음에 대한 답변을 시도하기 위한 것이라고 말하곤 합니다. 책을 읽고 "행복이 정말 인생의 목표일까?"라는 질문에 자기 생각을 담아 답을 적어봅시다.

함께 읽으면 좋은 책

『그런데, 삶이란 무엇인가』, 롤프 도벨리 지음, 유영미 옮김, 나무생각, 2018

『너의 운명으로 달아나라』, 이현우 지음, 마음산책, 2017

품격 있는 학교에서
품위 있는 시민이 탄생한다

『학교의 품격』

• 김보민(15세) •

책 속의 한 문장 ▸▸ "민주시민 교육의 장으로서 학교는 민주적 공간이어야 하며 삶의 공간이어야 한다. 그러한 조건들을 갖추고 있어야 한다. 하지만 공간의 물리적 구조와 배치는 물론 정서적 측면에서조차도 학교는 그렇지 않았다. 철저히 권력 중심의 복종과 침묵을 종용하는 역할을 했다. 엄숙과 경건함 등을 강조하고 자율과 토론은 가벼이 여기거나 존중하지 않는다."

"감수성이 있는 공간은 '틈'이 있는 공간이다. 놀 틈, 공부할 틈, 밥 먹을 틈, 연애할 틈, 책 읽을 틈, 잠 잘 틈, 쉴 틈 등이 있어야 감수성이 자란다. 빈틈없이 정한 규칙과 약속만 작동하는 공간이 아니라 한걸음 내렸다 가는 틈이 있어야 학교를 삶이 가능한 사람의 공간으로 만들 수 있다."

『학교의 품격』, 임정훈 지음,
우리교육, 2018

여러분은 학교 하면 어떤 이미지가 떠오르나요? 바리케이드처럼 생긴 교문과, 되도록 써서는 안 되는 중앙 현관, 계단에 씌어 있는 계몽적인 문구, 네모난 책상과 창문. 그리고 새하얀 벽과 타반 출입 금지 문구들, 교칙을 어겨 도망 다니는 학생과 쫓아다니는 선생님이 있습니다. 사람마다 생각하는 학교는 다 다르겠지만, 대부분 부정적인 느낌을 가지고 있을 겁니다. 학교는 이제 학생들에게 미래를 위한 교육을 하는 신성한 곳이 아니라, 그냥 가기 싫은 곳이 되었습니다.

『학교의 품격』은 우리나라 학교가 가지고 있는 공간과 문화의 문제를 '품격'이라는 차원에서 조목조목 설명하는 책입니다. 모두가 다 다른 지역과 학교에서 지내고 있지만, 왜 이렇게 비슷한 경험들을 하게 되는 것일까요? 책을 읽으면서 우리의 학교와 교육을 다시 한번 돌아볼 필요를 느낄 수 있습니다.

『학교의 품격』에서 소개하는 모든 구조적인 문제들을 모아보면, 우리의 학교는 '배우는 곳'이 아니라 '가르치는 곳'입니다. 누군가는 명령하고, 누군가는 그에 복종해야 하는 곳에서 진정한 배움은 불가합니다. 그러니 보통의 우리 학교에는 품격이 없습니다.

아이들을 감시하기 편한 구조의 복도. 강의식 수업을 하기 편하도록 한쪽을 보고 있는 책상들. 배우는 것이 아니라 가르치는 것에 맞추어져 있으니 경쟁, 리더, 성적표, 줄 세우기 등 품격 없는 말들밖에 떠오르지 않습니다. 교육의 궁극적인 목적은 학생들 하나하나가 가지고 있는 재능을, 아름다움을 깨닫게 해주는 것이라고 생각합니다. 개개인이 자신의 개성을 찾아 나가도록, 자유학기제 시간에 그렇게 강조하는 '자아 정체성'을 찾을 수 있도록. 다만 '스스로' 찾을 수 있도록 도와주는 것이 진정한 학교가 아닐까요?

학교는 어떤 곳이어야 하나요? 학교에서 가장 바꾸고 싶은 것은 무엇인가요?

우리나라에서 흔히 볼 수 있는 학교와는 많이 다른 학교들이 전 세계에 꽤 있습니다. 그중에 소개하고 싶은 곳은 바로 노르웨이의 '파게르보르그 유치원'입니다. 나무로 만든 이 유치원은 곳곳에 경사진 곳이 있어 숨겨진 공간이 많습니다. 창이 많이 나 있고, 노란빛의 은은한 전등은 편안한 느낌을 줍니다. 엎드려서 수업하기도 하고, 동그랗게 모여 앉아서 이야기하기도 합니다. 개인적이고 독립적인 공간도, 모두 다 같이 모이는 공간도 있는 이곳은 무언가를 '배우는' 진정한 의미의 학교입니다.

그런 교육을 위하여, 진정한 학교를 위하여 가장 필요한 것이 바로 『학교의 품격』에서 말하는 '틈'인 것 같습니다. 학생들이 주인이 되는 학교는 틈이 있어야 합니다. 눈가리개를 한 경주마처럼, 공장의 로봇처럼 가만히 앉아서 잘못된 학교에 맞춰져서는 안 됩니다. 감수성을 가진, 잘못됨을 인지할 수 있는 사람이 되어야 하죠. 그것이 우리가 진정으로 추구해야 하는 '품격'이라 생각합니다.

당장 모든 학교 건물을 부수고 다시 학교를 짓는 일은 불가능합니다. 하지만 우리가 조금씩 변화를 꾀해볼 수는 있습니다. 교실을 좀 더 청결하게 하거나, 게시판을 의미 있게 활용할 수도 있고, 학생 수가 줄어 비어 있는 교실을 학생 자치 공간으로 꾸며볼 수도 있을 것입니다. 어쩔 수 없다는 말만 하지 말고, 학교가 어떤 공간이 되어야 하는지 함께 고민해봅시다. 품격 있는 학교에서 품위 있는 시민이 성장할 수 있습니다. 그런 학교의 모습을 간절히 바라며 지금 내가 교실에서, 운동장에서, 등굣길에서 할 수 있는 변화를 꿈꿔봅시다.

이 책을 읽고 함께 토론해봅시다

- 책을 읽으며 가장 공감한 내용은 무엇인가요? 또, 책에는 나오지 않지만 여러분이 생각하기에 학교가 꼭 바뀌어야 하는 것이 있다면 무엇이고, 왜 그렇게 생각하나요? 학교가 품격 있는 공간이 되기 위해 가장 중요한 철학이 있다면 무엇이 되어야 할지 써봅시다.
- 여러분이 학교에서 딱 한 곳을 새롭게 바꿔볼 수 있다면 어떤 공간을 어떻게 바꾸고 싶나요? 책 마지막에 소개된 창문에 곶감을 다는 것처럼, 아주 작은 변화가 우리에게 숨 쉴 틈을 줄 수 있습니다. 교실, 체육실, 음악실, 복도, 급식실 등 내가 자주 이용하고 좋아하는 공간에 어떤 변화를 실질적으로 줄 수 있을지, 그 변화는 어떤 의미가 있을지 '학교 리뉴얼 기획서'를 써보세요!

함께 읽으면 좋은 책

『소리 없는 질서』, 안애경 지음, 마음산책, 2015

『학교 공간, 어떻게 바꿀 수 있을까?』, 편해문 외 지음, 창비교육, 2019

나답게 살기 위한 공부

『공부하는 인간』

◦ 임찬우(15세) ◦

책 속의 한 문장 ▸▸ "공부는 인류 보편의 테마이자 인류 문명의 발전을 가능하게 하는 힘이며, 그 자체가 인류 문명을 이해하는 하나의 문화 코드다. 따라서 공부를 보면 과거의 우리가 보이고 현재의 우리, 미래의 우리가 보인다. 그러므로 아무리 험난하고 힘들어도 공부는 과거에도 그랬고 현재, 미래에도 인간이 가야 할 길이다.

그 숙명을 겸허히 받아들이고 끊임없이 공부하고 배울 때 우리는 작게는 나부터, 크게는 인류 문명까지 더욱 풍요롭고 큰 기쁨을 누릴 수 있다."

『공부하는 인간』,
KBS 공부하는 인간 제작팀 지음, 예담, 2013

인간의 특성을 나타낸 학명 중에 '호모 아카데미쿠스', '호모 쿵푸스'라는 말이 있습니다. 바로 '학문적 인간', '공부하는 인간'이라는 뜻입니다. 이 학명에서 알 수 있는 것처럼, 인간은 공부와 떼려야 뗄 수 없는 존재입니다. 인간은 공부를 통해 자신의 삶을 만들고, 하나의 사회를 이루어나갑니다. 또한 문화를 발전시키며, 역사를 만들어가지요. 공부란 한 사회의 사상과 고유한 문화가 반영된 '역사적 산물'이자 '문화적 자산'인 것입니다.

저와 제 친구들도 공부에 관해 생각을 많이 합니다. 이번 시험에는 어떤 문제가 나올지, 그 문제를 맞힐 수 있을지 없을지, 나의 성적은 오를지 떨어질지…. 아무런 목적도 없이 그저 공부하는 우리의 미래는 흐리기만 합니다. 저와 제 친구들이 초등학생일 때, 모두가 빛나는 꿈을 가지고 있었습니다. 그 꿈들이 하나하나 빛났다고 기억하는 이유는 둘러앉아 서로의 꿈 이야기를 할 때 웃었기 때문입니다. 하지만 중학교 2학년이 되어 중간고사를 코앞에 둔 저희는, 직업적성 검사에서 '직업확실도'라는 칸에 적

힌 초라한 숫자들을 붙잡은 채 한숨만 내뱉고 있습니다.

저 역시 꿈을 잃어갔습니다. 초등학교 2학년부터 지켜왔던 작가라는 꿈을 위한 공부는 학교에서 하는 공부와는 너무나 거리가 멀었죠. 수학 문제를 풀고, 원소기호를 외우고, 영문법을 공부하며 계속 의문이 들었습니다. '나는 도대체 왜 공부할까?', '미래에 내가 원하는 '나'를 만들려면 당장 학교를 뛰쳐나가는 것이 더 옳은 선택 아닐까?' '내가 과연 작가가 되어 먹고살 수 있을까?'

『공부하는 인간』이라는 책을 읽었습니다. 전 세계의 공부 문화를 관찰한 내용이 담긴 책이었죠. 이 책을 읽은 저와 친구들은 한국의 공부 방식의 잘못된 점에 초점을 맞추어 글을 쓰고 토론했습니다. 그런데 이야기를 하다 보니, 교육 방식이나 제도의 문제를 말하기 전, 우리가 생각하는 공부의 목적부터가 잘못되었다는 것을 깨달았습니다. 공부의 궁극적 목적은 '나'를 만들기 위함입니다. 유일한 '나'로 살아가는 방법을 배우는 것이 공부이지요. 그런데 우리는 줄과 열에 맞추어 앉아 생활하고, 똑같은 옷을 입고, 똑같은 교과서를 읽고, 똑같은 목표를 추구합니다. 완벽하게 정반대로 내가 누구인지 잊어가는 방식으로 공부하고 있는 것입니다.

정말 하고 싶은 공부는 무엇인가요?

제가 쓴 글을 다시 보았습니다. 온통 우리나라의 교육 방식을 비판한 식상한 주제 속에선 저를 찾아볼 수 없더군요. 저는 제가 어떤 생각을 하고 있는지, 어떤 사람인지 알고 싶었습니다. 이런 글로는 제가 되고 싶은 작가가 될 수 없다고 생각했습니다. 그래서 그 글을 지웠습니다. 항상 온전히 저의 생각으로 글을 쓰겠다고 다짐했습니다.

저와 같은 대다수의 학생은 삶과 죽음 같은 진지한 주제에 관해 생각할 시간이 없습니다. 당장 앞에 닥친 문제들을 해결하기에 급급해 그런 거대한 문제가 있다는 것조차 모르거나 외면하고 있습니다. 학교에서 좋은 결과를 얻기 위해 공부를 해야 하는 건 사실이지만, 내가 누군지 생각해보지 않은 채 그저 책상에 앉아 시간을 보내는 한 우리는 절대 좋은 어른이 되기 어렵습니다.

전 작가가 되기 위한 공부를 하고 있습니다. 청소년들에게 내미는 따뜻한 손 같은 글을 쓰고 싶습니다. 이 소소하지만 아름다운 꿈을 품에 안고 살아갈 것입니다. 이 한 번뿐인 인생을 인간답게, 저답게 살고 싶습니다. 절대 제가 아닌 다른 것들이 저를 구성하게 두지 않을 것입니다.

이 책을 읽고 함께 토론해봅시다

- 책에는 국가별, 학교별, 문화권별의 공부 방법이 소개되어 있습니다. 책을 읽으며 자신이 생각할 때 가장 바람직한 공부 방식이 무엇인지 골라보고, 그 이유와 함께 우리가 공부해야 하는 까닭에 대해서도 써보세요.
- 재미있고 의미 있는 삶을 위해 나는 어떤 공부를 하고 싶은지 이제까지와는 다른 나만의 공부 계획표를 만들어보세요.

함께 읽으면 좋은 책

『나는 말랄라』, 말랄라 유사프자이 지음, 박찬원 옮김, 문학동네, 2014

『대한민국의 시험』, 이혜정 지음, 다산4.0, 2017

『파울루 프레이리, 삶을 바꿔야 진짜 교육이야』, 양은미 지음, 탐, 2017

진정한 공부란 무엇인가

『소현 세자의 진짜 공부』

• 이가은(18세) •

책 속의 한 문장 ▸▸ "형부 관원들이 들이닥쳤을 때 우리는 오래된 경전을 앞에 놓고 토론을 하고 있었지요. 밖에서 시끄러운 소리가 들리자 당신은 갑자기 경전을 덮고는 이렇게 말했습니다.

생각하지 않으면 도대체 무엇을 얻을 수 있겠습니까?
아무것도 하지 않으면 도대체 무엇을 이룰 수 있겠습니까?
한 사람이 크게 어질면 온 나라가 바르게 된다는 사실을 잊지 마십시오.

내가 그 말의 의미를 생각하는 동안 당신은 내게 절하고 일어나 밖으로 나갔습니다. 열린 문틈으로 살피니 마당엔 형부 관원들이 여럿 서 있었습니다. 그들은 물어볼 말이 있다면서 당신의 팔을 잡고 밖으로 끌고 나갔습니다."

『소현 세자의 진짜 공부』, 설흔 지음, 라임, 2017

"아, 나는 정말로 공부를 못하는 아이였지요."

사랑하던 것들을 모두 잃어버린 채 무미건조한 나날을 살아가던 '나'는 어느 날 강가에서 한 남자를 만납니다. '하급 행정직 공무원처럼 소매를 접은 셔츠에 검은 바지를 입고, 2대 8 가르마 머리를 단정하게 빗어 넘긴 약간 마른 체격'의 남자는 생전 처음 만나는 사람인 '나'에게 '정중한 목소리, 그러나 그저 정중하다고 단순히 표현하기에는 그 이상의 것이 가득 묻어나는, 원초적이면서 따뜻한 진짜 감정이 잔뜩 묻어나는' 목소리로 말을 겁니다. "우리, 언젠가 만난 적이 있지 않습니까"라고요. '나'는 그 이상스레 다정스러운 남자에게 '존'이라는 이름을 붙여주고, 그의 이야기를 듣습니다.

훈허강에서 고기잡이로 시작된 존의 이야기는 훈허에서 삼전도의 그날로, 병자호란의 화를 피해 잠시 머물렀던 남한산성으로, 인질로 끌려가 머물렀던 선양으로, 때와 시간을 바꿔가며 이어집니다. 담담하게, 그러나 괴로워하며 존은 그 모든 사건의 중심에 있었던 한 사람의 시선으로 지나간 일들을 회상합니다. "아, 나는 정말로 공부를 못하는 아이였습니다"라고 외치는 존은 바로 소현세자였습니다.

『소현 세자의 진짜 공부』는 '부끄러움'에 대한 이야기입니다. 삼전도의 굴욕을 겪고 만주로 끌려간 조선의 소현 세자는 만주족들과 함께 지내며 많은 경험을 했고 또 여러 부끄러움을 느꼈습니다. 그는 부끄러움이란 감정을 통해 자신의 어리석음과 나아가 조선의 문제를 깨닫고 더 나은 대안을 찾으며 많은 것들을 배우고자 합니다.

오늘날 우리가 흔히 생각하는, 국어, 수학, 사회, 과학, 영어, 한국사 등의 교과과목으로 이루어진 학교에서의 공부는 오로지 앞날을 위한 공부인 경우가 많습니다. 학생들도 복습보단 예습하고, 대부분의 선생님 역시 지나간 수업을 이해하지 못한 아이들을 가르치기보단 빨리 진도를 나가는 것을 선호하지요. 이런 시대에 우리를 찾아온 존은 자신의 과거를 더듬습니다. 오로지 내일만을 바라보는 사회에서 지나간 시간을 돌아보며 그는 우리에게 무엇을 말하고 싶은 것일까요?

나의 공부는 세상을 더 좋은 곳으로 만드는 공부인가요?

소현세자는 청나라에 인질로 끌려간 상황에서도 뛰어난 외교술을 발휘해 두 나라의 중재를 도맡았고, 서양 문화의 가치를 알아보고 이를 적극적으로 수용하려고 했습니다. 그런데 그토록 뛰어났던 사람이 어째서 자꾸만 자신을 가리켜 공부를 못하는 아이라고 하는 걸까요? 그가 말하는 '공부'란 무엇일까요. 21세기의 한국에 홀연히 나타나 100년도 더 지난 오랜 옛날의 이야기를 풀어놓으며 어떤 말을 하고 싶었던 것일까요?

저는 공부란 세상에 대해 배우는 것이라고 생각합니다. 그리고 거기서 더 나아가 나를 이롭게 하고, 그 끝에는 세상을 이롭게 하는 것이 진짜 공부라고 생각합니다. 우린 항상 앞으로 나아가기 위해 지나간 것, 과거의 것을 배우고 있는 거겠지요. 그러나 지금 한국의 교육은 지식적으로는 앞으로 나아간다고 말할지 모르나, 그것을 배움으로써 우리 자신의 삶이 앞으로 나아가거나, 달라진다거나 자아실현에 도움이 되는 것 같진 않습니다. 이는 아마 한국 사회에서 교육, 즉 공부가 대단히 편협한 의미에 갇혀 있기 때문이 아닐까요? 책상에 앉아서 끊임없이 외우는 것만이 공부의 전부는 아니니까요.

책 속의 '존'의 이야기를 들으며 저는 우리가 일반적으로 이야기하는 공부의 목적에 대해 생각해보았습니다. 사람마다 공부의 종류가 달라질 수는 있겠지만, 어떤 영역에서건 나의 가능성을 넓히고 세상에 기여하도록 이끕니다. 그러나 어떤 분야에서 과연 내가 잘 해낼 수 있을지, 솔직히 말해서 무엇으로 내가 먹고살 수 있을지의 고민은 쉽게 답이 나오지 않습니다.

우리 청소년 대부분은 진로에 대해 큰 고민을 하며 살아갑니다. 내가 살기 위해 필요한 돈을 벌기 위해 공부하고 일하는 것도 중요한 목적 중 하나입니다. 그러나 대부분의 인간은 거기서 더 나아간 것을 원합니다. 진로를 고민하는 것은 일로 단순히 나를 먹여 살리는 것과 더불어 그 이상의 것을 추구하고, 그 과정과 결과를 통해 얻고 싶은 것이 있기 때문입니다. 결국 우리의 공부는 나를 바꾸고 세상을 바꾸기 위해 지금과는 조금 더 달라질 필요가 있습니다.

저는 대안학교를 나왔습니다. 그곳에서 이전의 학교에 다닐 때와는 다른 방식으로 공부하는 법을 배웠고, 세상을 보는 방법도, 살아가는 방법도 너무나 다양하다는 것을 배웠습니다. 세상에는 수학처럼 답이 있는 것도 있지만, 틀린 것이 하나도 없고, 정답 또한 없다는 것도 다양한 선생님을 보면서 배웠습니다. 그러면서 주류에서 벗어나는 것에 대한 두려움을 버릴 수 있게 되었고, 나 자신이 원하는 것이 무엇인지 알 수 있게 되었고, 아주 어렵고 힘들고 여러 번 성공하진 못했지만 제가 가진 단점을 고칠 수도 있게 되었습니다.

나 자신이 성장하는 것 역시도 공부 덕분입니다. 그러니까 성장 안에는 학습이 내재하여 있다고 생각합니다. 제가 가진 단점을 고칠 수 있게 된 것은 아주 큰 성장이죠. 이 문제는 정말로 쉬운 것이 아니었습니다. 예를 들어 '나의 단점이 무엇인지도 몰랐던 시절의 나' 앞에 단점을 어떻게 고쳐야 하는지의 문제를 가져다 놓는다면 제가 고칠 수 있었을까요? 제가 단점을 고칠 수 있게 된 것은 무엇이 나의 단점인지를 인지한 순간으로부터 '이걸 고쳐야겠다'라고 생각하고 노력하는 순간까지의 학습과 그 이전에 배운 것들이 합쳐지는 순간들이 이어졌기 때문입니다.

그러니까 저는 공부가 교과서에 나오는 것만을 가리키진 않는다고 생각합니다. 지금 내가 살아가고 있는 것 자체가 공부입니다. 그렇지만 거기서 더 나아간 공부, 나 자신을 변화시킬 수 있는 공부, 진정으로 원하는 공부를 할 자유가 우리에게는 필요하다고 생각합니다.

이 책을 읽고 함께 토론해봅시다

- 여러분은 언제 '배우는 기쁨, 발견의 즐거움'을 느껴보았나요? 내가 순수하게 배움을 통해 즐거움을 느꼈던 순간을 생각해봅시다. 왜 그 순간이 기쁘고 즐거운지도 써보세요. 한편 내가 배움이 즐겁지 않다고 느낄 때는 언제인지 떠올려봅시다. 왜 배움이 기쁘지 않은지, 내가 즐겁게 배우기 위해서는 어떻게 해야 할지도 함께 생각해봅시다. 그리하여 배우는 기쁨을 누리기 위한 나의 공부 다짐을 써봅시다.
- 최첨단의 과학기술 발전을 통해 삶의 방식이 완전히 바뀌고 있는 오늘날, 우리는 무엇을 어떻게 공부해야 할까요? 아무리 과학기술이 발전하더라도 바뀌지 않는 공부의 핵심 목표는 무엇일까요? 미래 교육의 궁극적 목적이 있다면 어떤 것이 있을지 생각하여 이야기해봅시다.

함께 읽으면 좋은 책

『공부의 말들』, 설흔 지음, 유유, 2018

『수학자의 공부』, 오카 기요시 지음, 정회성 옮김, 사람과나무사이, 2018

한 청년의
가슴 뛰는 도전기

『연필 하나로 가슴 뛰는 세계를 만나다』

• 심예지(18세) •

책 속의 한 문장 ▸▸ "사람들은 근사한 아이디어가 저절로 난데없이 떠오르는 줄 알지만, 사실은 수많은 사소한 순간과 깨달음이 서로 얽혀서 돌파구로 한 걸음씩 다가갈 수 있었기에 그런 아이디어가 떠오르는 것이다. 개발도상국을 누비며 연필을 나누어주었을 때 느꼈던 즐거움과 언젠가는 학교를 설립하고 싶은 소망에 대해 생각하는데, 문득 어떤 이름 하나가 내 뇌리를 스치고 지나갔다.
약속의 연필.

번갯불이 번쩍하고 내 몸을 관통한 것 같은 기분이 들었다. 연필은 내가 굳게 믿는 독학의 능력을 상징했고, 약속에는 맹세나 서약 그리고 인간이라면 누구나 간직하고 있는 미개발의 잠재력, 이렇게 이중적인 의미가 담겨 있었다. 온갖 아이디어들이 떠올랐고 나는 흥분해서 주먹을 불끈 쥐었다."

『연필 하나로 가슴 뛰는 세계를 만나다』,
애덤 브라운 지음, 이은선 옮김, 북하우스, 2014

서른 살 청년 애덤 브라운이 자신의 열정을 실현해 나가는 과정을 담아낸 책, 『연필 하나로 가슴 뛰는 세계를 만나다』. 저자는 좋은 직장과 아파트 그리고 명품 옷 등, 남 부러울 것 없는 청년이었지만, 마음 깊숙한 곳 한편은 늘 빈곤하다는 느낌을 받았습니다. 그래서 그는 브라운대학교를 입학한 뒤 배낭여행을 떠났고, 인도의 길거리에서 우연히 만난 구걸하던 소년에게 이 세상에서 가장 갖고 싶은 것이 무엇이냐고 질문했습니다. 놀랍게도 어린아이는 '연필'이라고 대답합니다. 그 순간, 그의 머릿속에는 25달러를 가지고 할 수 있는 가장 의미 있는 일이 떠올랐습니다. 바로 '약속의 연필'을 설립하는 것이었는데요, 이 재단 덕분에 5년 동안 전 세계 가난한 지역에 무려 200여 개의 학교를 세우는 놀라운 결과를 만들어냈습니다.

저는 '자신의 존재 이유에 대한 강한 믿음만 있다면 누구든 세상을 바꿀 수 있다'는 애덤의 신념에 전적으로 동의합니다. 애덤처럼 자신이 아니라면 안 될 것 같다는 확신이 올 때, 자신을 믿고 도전한다면 어쩌면 세상을 바꿀 만큼 엄청난 일을 해낼 수 있다고 생각합니다. 우리 모두가 처음에는 실패의 두려움 때문에 망설이기 마련이지만, 자신을 신뢰하고 한 걸음씩 나아가다 보면 어느새 목표에 가까워져 있을 것입니다.

여러분의 가슴을 뛰게 하는 일은 무엇인가요?

학교와 학원 그리고 집, 이렇게 늘 반복되는 일상 속에 지친 우리나라의 학생들을 보면 전혀 가슴 뛰는 모습을 찾아볼 수 없습니다. 가장 혈기 왕성해야 할 시기에, 모두가 학교 수행평가와 학원 숙제로 풀이 죽어 있는 모습을 흔히 볼 수 있습니다. 저는 이런 우리 학생들에게 하나쯤은 자신을 가슴 뛰게 하는 무언가가 있어야 한다고 생각합니다. 애덤 브라운 또한 자신을 살아있게 하는 것이 있었기 때문에, 커다란 변화를 만들 수 있었고, 진실한 미소를 지을 수 있었습니다.

저에게 나 자신을 움직이게 하고 살아 있게 하는 것은 '춤'인데요, 저는 춤을 통해 언젠가 저의 춤으로 사람들에게 감동을 주고 마음을 치유해주는 일을 하고 싶다는 다짐을 하게 되었습니다. 여러분도 거창한 것이 아니더라도 자신에게 작은 떨림을 주는 무언가를 만들어보세요. 그것을 계속해서 하다 보면, 나 자신이 세상의 아픈 부위를 위해 할 수 있는 일이 분명 있을 거예요.

지금은 없더라도 그런 일들을 직접 찾아 나서는 것도 정말 중요하다고 생각합니다. 애덤이 인도로 배낭여행을 갔듯이 말이죠. 때로는 나 자신을 되돌아보고 새로운 것을 탐색해 나가는 것이 세상을 변화시키기 위한 커다란 영감이 되기도 합니다. 그리고 나의 도전을 통하여 어떤 이에게는 커다란 희망을 선물할 수도 있습니다. 이렇게 가슴 뛰는 일이 많이 일어난다면, 이 세상에는 행복한 웃음소리가 가득할 것이라 생각합니다.

이 책을 읽고 함께 토론해봅시다

- 책 속에는 애덤 브라운이 '약속의 연필'을 설립하기까지의 과정이 자세히 나와 있습니다. 애덤에게 이러한 도전을 하게 된 원동력이 무엇인지 나타나는 문장을 찾아봅시다.
- 애덤 브라운이 '약속의 연필' 프로젝트를 진행할 때 지켰던 중요한 핵심 가치는 목차로 구성된 30가지 만트라에 잘 정리가 되어 있습니다. 30개의 만트라 중 내가 가장 잘하고 잘 지키는 주문은 무엇인지, 반대로 나에게 적용이 꼭 필요한 것은 무엇인지 골라보고 그 이유를 적어보세요.

함께 읽으면 좋은 책

『명사들의 졸업사』, 버락 오바마 외 지음, 안지은 옮김, 문예춘추사, 2016

『하얗게 웃어줘 라오스』, 오동준 지음, RHK, 2013

세상을 일깨우는 청소년의 질문

『어른을 일깨우는 아이들의 위대한 질문』

• 김숲(15세) •

책 속의 한 문장 ▸▸

"바닷물은 왜 짠가요?

소변은 왜 노란가요?

신은 누구인가요?

소가 1년 내내 방귀를 한 번도 뀌지 않고 모았다가 한번에 크게 터뜨리면 우주로 날아갈 수 있나요?

초콜릿은 누가 발명했나요?

코끼리는 왜 긴 코를 가지고 있나요?"

『어른을 일깨우는 아이들의 위대한 질문』,
제마 엘윈 해리스 지음, 김희정 옮김, 부키, 2015

"소가 1년 내내 방귀를 한 번도 뀌지 않고 모았다가 한 번에 크게 터뜨리면 우주로 날아갈 수 있나요?" 학교에서 열심히 수업을 들은 학생이라면, 이 질문이 말도 안 된다는 사실을 알 수 있을 거예요. 애초에 이런 질문을 할 일도 없겠죠. 소는 1년 동안 방귀를 참을 수도 없을 거고, 한꺼번에 터뜨린다고 해도 우주까지 날아가는 건 불가능하니까요. 하지만 조금 더 진지하게 답하려고 노력한다면, '우주는 어떻게 가는 거지?', '우주까지 얼마나 멀지?', '방귀는 뭐로 만들어졌지?' 같은 의문들이 우리에게 더 생겨날지도 몰라요.

이처럼 세상은 온통 궁금한 것들 투성입니다. 우리는 모두 지구상에 처음 발을 내딛지요. 나는 도대체 어디서 온 것일까요? 어쩌다가 이렇게 세상 속으로 나와 살게 된 걸까요? 『어른을 일깨우는 아이들의 위대한 질문』은 호기심 가득한 아이들이 던지는 기발한 질문들로 가득 차 있습니다. 또한 도무지 답을 알 수 없을 것 같은 아이들의 엉뚱한 질문들에 대해 우주 과학자, 요리사, 변호사, 미술가, 환경보호운동가, 소설가, 고고학자, 코미디언, 식물학자, 임상심리학자 등 온갖 분야의 저명한 인사들이 친절히 답을 해줍니다. 지금까지 세상을 아름답게 만들어온 수많은 과학적 발견과 예술작품들, 철학적 담론들은 사실 이런 엉뚱하고 불가능해 보이는 질문에서 탄생했기 때문이에요. 일반적으로 알려진 사실들을 상상력을 통해 뛰어넘어야만 새로운 사실을 발견할 수 있습니다. 그래서 "그건 말도 안 돼!"라고 말하는 순간 우리는 다른 세계를 향한 길을 그만큼 잃어버리고 있는 거예요.

사실 우리 모두에게는 그런 상상력이 숨어 있고, 때때로 마음속에서는 꿈틀대며 재미있는 가능성들을 만들어냅니다. 단지 우리가 너무 바빠서 그 이야기에 충분히 귀 기울이고 있지 않거나, 누군가에게 그런 질문을 하는 것이 바보 같다고 느껴져서 조용히 넘어가거나, 혹은 웬만한 문제들에 이미 답을 갖고 있다고 생각해서 깊이 고민하지 않을 뿐입니다.

여러분은 질문하는 것이 두렵지 않나요?

앞서 소개한 질문 말고도 책에 소개된 아이들의 질문은 매우 다양합니다. "케이크는 왜 이렇게 맛있는 걸까요?"나 "왜 자기 자신을 간지럽힐 수 없나요?"같이 웃기고 재미있는 질문이 있는가 하면 "두뇌가 어떻게 나를 조종하나요?"나 "원자란 무엇인가요?" 같은 과학 지식을 요구하는 질문도 있었죠. 어디 그뿐인가요? "우리는 왜 영원히 살 수 없나요?" 또는 "어떻게 사랑에 빠지게 되나요?"처럼 철학적이고 인생의 깊이가 필요한 질문도 있었습니다.

만약 평소에 이런 질문을 동생이나 어린 조카로부터 받게 된다면 여러분은 어떤 대답을 들려줄 건가요? 최대한 아는 지식을 동원해 대답할 수도 있겠지만 대부분은 쓸모없는 질문을 한다고 생각할지도 모릅니다. 왜냐하면 우리에게 쓸모 있고 의미 있는 것이 무엇인지에 대한 고정관념이 이미 생겼기 때문입니다. 저는 이걸 '생각의 굳은살'이 박힌 거라고 부르고 싶습니다. 생각의 굳은살은 우리를 점점 둔감하게 만들고 감탄과 호기심을 죽이지요.

그러나 이 책에는 이런 엉뚱한 질문에 진지하게 답을 하고자 애쓰는 어른들의 이야기도 담겨 있었습니다. 이렇게 다양한 아이들의 질문에 재치 있는 어른들, 즉 생각에 굳은살이 생기지 않은 어른들은 유머러스하게 질문에 대한 답을 해주는데요, 답변을 보며 이 어른들은 아이들의 질문을 존중해준다는 것을 알 수 있었습니다. 진지한 학자들은 자기 나름의 최선을 다한 정보와 지식을 아이들에게 쉽게 전달하려 애썼고 어떤 이들은 아이들의 눈높이에서 가장 아름다운 이야기를 만들어 재미와 재치를 곁들인 답변을 하기도 했습니다.

책에서의 인상적인 일부 내용을 소개해볼까요? 한 아이가 펭귄이 북극이 아닌 남극에만 사는 이유를 묻자, 이에 대해 펭귄들에게 남극이 가장 적절한 조건의 서식지이기 때문이라는 과학적이고 일반적인 대답이 아니라, "남극에 좋은 호텔이 있기 때문"이라고 답변한 것이 있었습니다. 또 다른 질문에서는 키가 큰 사람이 있고 그렇지 않은 사람이 있는 이유가 무엇인지에 대해 "신발 안에 비밀 사다리를 가지고 있기 때문"이라고 답하기도 합니다.

물론 세상은 논리적인 이야기로 이루어져 있고 그것이 우리의 문명을 발전시켜 왔습니다. 그래서 사람들은 그게 더 어른스럽고, 훌륭하다고 착각하고 살아가지요. 모든 질문과 답이 정해져 있으며, 마치 인생도 그런 것처럼 살아가고 있는 것일지도 몰라요. 하지만 이 책을 읽으며 저는 훌륭한 질문은 답이 정해져 있지 않은 질문이며, 훌륭한 답도 매번 똑같지 않고 묻는 사람에 따라, 또 상황과 경우에 따라 달라지는 답이라는 것을 알게 되었습니다.

뉴턴은 "왜 사과는 아래로만 떨어질까?"라는 질문으로 만유인력을 발견했고 로자 파크스는 "왜 흑인은 버스에 앉으면 안 되느냐"라고 물으며 인종차별 반대 운동에 불을 붙였습니다. 모두 인류 진보와 사회 발전에 큰 영향을 주었지요. 우리 안의 예술가, 철학자, 과학자들을 흔들어 깨우기 위해서는 이런 질문들을 계속 만들어 나누고, 진지하게 답을 찾으려는 노력이 필요합니다. 우리가 살아가는 인생도 마찬가지일지 몰라요. 생각의 굳은살을 벗겨내고 호기심과 설렘이 가득한 눈으로 세상을 바라보세요. 그리고 모든 질문에 나만의 답을 가지기 위해 노력하고 또 다름의 답을 떠올리기 위해 노력해보세요. 제각각의 꿈과 제각각의 질문과 제각각의 대답들! 생각만 해도 반짝이고 아름답지 않나요?

이 책을 읽고 함께 토론해봅시다

- 책에 나오는 수많은 질문 중에 자신이 생각하는 가장 기발하고 참신한 질문과 답변을 세 개 골라봅시다. 내가 어렸을 때 가졌던 의문과 똑같은 질문을 골라도 좋고, 내가 생각하지도 못했던 질문이 있다면 골라도 좋습니다.
- 이 책에 소개된 질문들 외에 인류와 역사의 발전에 기여했던 질문을 한번 찾아보세요. 세상을 보다 나은 방향으로 이끈 질문이 있다면 어떤 것이 있는지 찾아 친구들에게 소개해주세요.
- 이제 세상에 던지는 나만의 기발하고 엉뚱하고, 또 날카로운 질문도 있어야겠죠? 꼭 답을 찾지 못했다 하더라도 괜찮습니다. 세상에 대해 궁금한 것이 있다면 무엇이든 좋아요.

함께 읽으면 좋은 책

『릴리에게, 할아버지가』, 앨런 맥팔레인 지음, 이근영 옮김, RHK, 2015

『최고의 석학들은 어떤 질문을 할까?』, 허병민 엮음, 웅진지식하우스, 2014

아름다움의 씨앗,
나다운 것

『나다운 게 아름다운 거야』

• 김보민(15세) •

책 속의 한 문장 ▸▸ "자신이 어떤 면에서 똑똑한지, 어떤 면에서 들어맞는지, 어떤 면에서 강한지 적어 두기를 바란다. 적은 것을 벽에 붙여 놓고, 큰 소리로 읽어라. 그렇게 내면화하는 것이다. 그 사실들을 믿어라. 소중한 시간들을 자신이 아닌 다른 누군가처럼 보이길 바라느라 낭비하지 않도록 하라. 당신의 딸, 조카딸, 언니, 여동생, 사촌들이 다른 사람이 아닌 자신의 모습 그대로 보고, 행동하고, 노래하고, 걷고, 말하고, 놀게 하라."

『나다운 게 아름다운 거야』, 케이트 T. 파커 지음,
신현림 옮김, 시공아트, 2017

『나다운 게 아름다운 거야』에는 북아메리카 전역의 200여 명에 이르는 소녀들의 모습을 담은 사진들이 담겨 있습니다. 우리 또래의 소녀들은 특별히 부자도 아니고, 능력이 탁월하지도 않으며, 유명한 연예인이 아닙니다. 그저 평범한 여자아이일 뿐이죠.

하지만 그 누구보다 강인한 아이들입니다. 우리는 책에서 자전거로 높은 언덕을 정복한 후 앨리스가 지은 표정, 최근에 암과 싸웠던 그레이스의 지혜, 자기 자신을 믿었던 미셸의 미소, 무용하고 난 후 상처투성이인 캐롤라인의 발 등을 볼 수 있습니다. 소녀들은, 여자들은 지저분하고, 말썽을 피우며 엉뚱합니다. 주근깨가 가득하고, 다리가 아프며, 질병과 싸우기도 하죠.

그들은 대부분 남자에게 무시를 받거나, "여자인 네가 그걸 한다고?"라는 말을 듣습니다. 하지만 소녀들은 모든 걸 해낼 수 있을 만큼 충분히 강하고, 그것이 그들의 자연스러운 모습이며, 그렇기 때문에 아름답습니다. 200여 명의 소녀는 전부 다 다른 모습이고, 순수한 미소를 띠고 있었습니다.

어떤 사람들은 이렇게 말할지도 모릅니다. “여자 맞아? 하나도 안 예뻔걸? 이게 아름답다니 말도 안 돼.” 맞습니다. 상처투성이인 다리는, 흙과 먼지로 뒤덮인 몸은 사회적인 기준에서 보자면 예뻐 보이지 않을 수 있죠. 하지만 진정한 아름다움은 그런 기준들에 있지 않다는 것을 확인할 수 있었습니다. 가장 자기다울 때를 담은 이 사진 속에서 소녀들이 너무나도 행복해 보이기 때문이죠.

여러분은 언제 가장 자기 자신답나요?

책장을 덮고 나면, 또래 소녀인 나 자신이 보입니다. 그런 소녀들에 비해 나의 모습, 또 내 친구들에게선 이런 아름다움을 찾기 어렵습니다. 똑같은 머리 모양, 똑같은 화장, 똑같은 행동과 말투를 하고 있죠. 우리에게 ‘언제가 가장 나다운 순간’이냐고 묻는다면, 당장 저조차도 어떻게 대답해야 할지 머릿속이 하얘집니다.

소녀들은 어쩌다가 나다움을 잃게 되었을까요? 우리가 나다움을 지켜야 하는 이유는 무엇이며, 어떻게 지켜야 할까요?

이 책에 나온 200명의 사진에 공통점이 있다면 가장 자기다울 때를 찍었다는 것입니다. 우리는 남들을 쉽게 평가하고 또 그것에 쉽게 흔들립니다. “쟤는 너무 여성스럽지 않아.”, “얘는 원래 이런 애야.”, “다들 그렇게 하고 살아. 어른 말 들어.” 수없이 들은 이 말들은 나보다 먼저 나를 정의하였습니다. 내가 정한 적 없는 목표를 향해 쉬지 않고 달려가야 하는 상황 속에서 나다움을 찾는 건 어려운 일입니다. 나에 대한 고민보다 영어 문법을, 수학 공식을 더 잘 아는 것이 더 중요해진 세상, 나다운 것을 표현하면 유난한 것으로 변질되어버린 현실에서, 아름다움을 지켜내기는 결코 쉽지 않습니다.

하지만 또 한 가지 중요한 사실은, 바로 나다움으로 인한 아름다움이야말로 세상을 움직이게 한다는 것입니다. '나'를 모르는 세상에서 우리는 '너'를, '우리'를 알지 못할 수밖에 없습니다. 나를 돌아보고, 나의 상처를 치유하고, 오직 나다운 일을 하는 것, 그래서 행복해지는 것. 이것이 남을 도울 수 있고 세상을 바꿀 수 있는 희망을 만드는 시작이 됩니다.

우리는 쉴 틈 없이 살아갑니다. 톱니바퀴처럼, 시계처럼 쉬지 않고 바쁘게 달려가죠. 그런 삶 속 나다운 게 무엇인지 깨달을 시간은 부족하다고, 쓸모없다고, 사치라고 말할지도 모르겠습니다. 실제로 저도 그런 생각을 하기도 해요. 하지만 그럼에도, 이런 삭막한 사회 속 희망의 꽃을 싹틔우기 위하여, 공생의 시대로 나아가기 위하여 우리는 나다움의 아름다움을 잃어서는 안 됩니다. 당신은, 언제 가장 나다운가요?

이 책을 읽고 함께 토론해봅시다

- 책에서 읽은 나다운 모습 중 가장 기억에 남는 사진과 글을 뽑아보고, 그 이유도 함께 소개해주세요. 그 모습이 왜 가장 인상 깊었나요? 그 모습은 나의 어떤 점과 닮았나요?
- 노래, 시 낭송, 춤, 악기 연주, 마임, 그림 그리기 등 어떤 방법으로도 좋으니 여러분을 있는 그대로 봐줄 사람 앞에서 5분 정도 자신을 표현해보세요. 아주 멋진 경험이 될 것입니다.

함께 읽으면 좋은 책

『그림과 나』, 김선현 지음, 웅진지식하우스, 2015

『지금 독립하는 중입니다』, 하지현 지음, 창비, 2017

지금 이 글을 읽는
당신의 손이 궁금합니다

『손이 들려준 이야기들』

• 손수민(15세) •

책 속의 한 문장 ▸▸

"사람은 말여, 뭣보다도 손이 곧 그 사람이여.

사람을 지대루 알려믄 손을 봐야 혀.

손을 보믄 그이가 어트케 살아온 사람인지,

살림이 편안헌지 곤란헌지,

마음이 좋은지 안 좋은지꺼정 다 알 수 있당게.

얼굴은 그짓말을 혀도 손은 그짓말을 못 허는 겨."

『손이 들려준 이야기들』, 최승훈 그림,
김혜원 글,이야기꽃, 2018

인간의 신체 중 손은 가장 자유롭게 움직일 수 있는 기관입니다. 손은 나를 가꾸기도 하고 타인을 돕기도 하지요. 반대로 나와 다른 존재에게 해를 끼칠 수도 있습니다. 우리가 어떤 손을 가졌는지에 따라 어떤 삶을 살고 있는지를 알 수 있는 것은 과장된 말이 아닙니다.

『손이 들려준 이야기들』은 충남 부여군 양화면 송정리 마을 어르신들의 손을 소개하며 그분들의 이야기를 들려줍니다. 감을 내어주는 손, 새끼를 꼬는 손, 손주들에게 전화를 거는 손 등 평생을 농부로 살아오신 그 분들의 손은 거칠고 새까맣지만, 참 정겹고 아름답습니다. 그림을 그린 최승훈 작가는 그 손이 아름다운 이유를 정직한 삶 그 자체이기 때문이라고 이야기했습니다.

그렇다면 우리 주변에는 어떤 손이 있나요? 40년 동안 구두를 만드느라 손가락 한 마디가 잘려나가고 손톱이 다 닳고 눌린 한 구두 장인의 손이 뉴스를 통해 공개된 적이 있습니다. 그러나 그렇게 온 삶을 다해 만든 구두 한 켤레당 받는 임금이 7천 원밖에 되지 않아 생업으로 이어가기가 어려운 안타까운 현실이 밝혀지기도 하였지요. 이분뿐만 아니라 열악한 노동 현장에서 상처투성이가 된 손들은 너무나 많습니다.

여러분은 어떤 손을 잡아주고 싶나요?

미국 시인 랄프 왈도 에머슨은 이렇게 말했습니다. "밭에 나가 채소를 가꾸면서 나는 왜 지금까지 내 손으로 할 수 있는 일을 다른 사람에게 맡겨 이 행복을 내게서 빼앗았을까 하고 새삼스럽게 생각한다. 나는 밭에서 큰 기쁨과 충만함을 느낀다. 그러나 이것은 오로지 만족과 건강의 문제뿐만이 아니라 교육의 문제이기도 하다. 나는 언제나 목수나 농부에 비해 내 자신을 부끄럽게 여긴다. 그들은 자기 일을 하며 내 도움 없이도 며칠, 아니 몇 년씩 살 수 있다. 그런데 나는 어떠한가, 나는 그들이 없으면 하루도 버티지 못하니 말이다. 나는 그동안 내 손발을 가질 권리를 다하지 못했던 것이다." 손은 듣지 못하는 이들에게 목소리가 되기도 하고, 보지 못하는 사람에게 눈이 되기도 하지요. 그런 사람들의 손은 과연 우리 사회에서 귀하게 대접받고 있는지요?

손을 통해 우리는 참 많은 것을 이야기할 수 있습니다. 여러분 주위에서 찾을 수 있는 특별한 손이 있나요? 여러분이 잡고 싶은 손과 절대 잡지 않을 손은 또 무엇인가요? 저는 지금 이 글을 읽는 당신의 손이 궁금합니다. 여러분의 손은 타인을 사랑할 줄 알고, 이타적이며, 함께함에 감사할 줄 알고 누군가에게 눈물을 흘릴 수 있으며 따뜻할 것이라 상상합니다. 굶주리는 누군가에게 먹을 것을 주고, 배울 수 없는 사람들에게 지식을 공유하는 손이기를 기대합니다. 혹은 그런 손을 갖기 위해 애쓰는 손이길 바랍니다.

저 역시 그런 손이 되기 위해 노력합니다. 부족함이 많은 저의 손과 악수해준다면, 다른 의미로 평화와 우정을 기약해준다면 이보다 고마운 일이 있을까요. 함께 손을 잡고 아름다운 이 삶을 살아가면 좋겠습니다.

이 책을 읽고 함께 토론해봅시다

- 어떤 사람의 손이나 발을 보면 그 사람의 인생을 알 수 있습니다. 책에 소개된 손들은 농부의 손인데요. 여러분이 주위에서 찾을 수 있는 특별한 손 혹은 발이 있나요? 특별한 신체 특징으로 그 사람의 삶을 이해했던 경험이 있나요? 그 사람들의 이야기는 무엇인가요?
- 인간의 몸은 우리가 살아온 인생의 정직한 거울입니다. 그런데 우리는 몸을 움직여 배우는 것보다 책상에 앉아 공식 하나, 단어 하나 외우는 것을 더 중요하게 여기는 사회에서 살고 있는데요. 그래서 우리는 몸을 쓰는 법을 제대로 배우지 못하고 있습니다. 구부정하게 앉거나 대화할 때 팔짱을 끼는 등의 '자세'도 그러하고, 가위나 칼을 줄 때 상대에게 칼날을 겨누거나 지나가는 사람이 있을 수 있는데 자동차 문을 그냥 열어젖히는 '나쁜 습관'들도 그 증거입니다. 또 몸을 쓰는 일을 천하게 여기는 경우가 많습니다. 육체적으로 고된 일을 하는 분들, 예를 들어 환경미화원이나 소방대원, 택배 노동자 등 너무나 많은 사람이 정당한 대우를 받지 못하고 있지요. 여러분 몸에 밴 나쁜 자세나 습관은 무엇이고 여러분이 앞으로 갖추고 싶은 몸의 모습은 무엇인가요? 우리 사회가 앞으로 몸에 대한 생각을 어떤 방향으로 바꿔가야 할까요?

함께 읽으면 좋은 책

『윌리엄 모리스 노동과 미학』, 윌리엄 모리스 지음, 서의윤 옮김, 좁쌀한알, 2018

『폴 파머, 세상을 고치는 의사가 되어줘』, 김관욱 지음, 탐, 2016

사랑과 희망의 전사,
바리

『희망을 부르는 소녀, 바리』

• 이지영(15세) •

책 속의 한 문장 ▸▸ “우리는 모두 상처 많은 시대를 살고 있습니다. 극단적인 대립과 이분법이 넘쳐나고 보복과 폭력이 난무하는 때입니다. 갈등과 분쟁이 끊이지 않는 세계의 폭력에 일상적으로 직면해있는 우리가 평화를 구할 수 있는 방법을 바리로부터 타전받을 수도 있을 것입니다. (…) 복수와 증오로는 참된 자신을 찾을 수 없습니다. 자신만의 행복의 감각을 통해 스스로 자유로워져야 하지요. 참된 자아를 찾아서 모험하는 바리, 사랑을 통해 강해지는 바리, 자신을 부정한 존재를 원한과 증오가 아닌 포용과 용서로 끌어안음으로써 세계의 상처를 향해 손 내미는 바리공주는 지금과 같은 시기에 우리에게 꼭 필요한 힘이 무엇인지를 생각하게 합니다.”

『희망을 부르는 소녀, 바리』, 김선우 지음,
단비, 2014

'바리데기 설화'는 꽤 많이 알려진 이야기입니다. 불나국의 왕인 오구대왕, 그리고 그 부인인 길대부인에게는 남자아이가 없었지요. 길대부인이 여자아이만 내리 여섯 번을 낳고, 일곱 번째마저 여자아이가 태어나자 오구대왕은 당장 그 아이를 죽이라고 명령합니다. 차마 죽이지 못하고 버려진 '바리'는 다행히 비럭공덕할미와 비럭공덕할비의 보살핌을 받게 됩니다. 바리는 자신의 출생에 대해서 궁금해하지만, 자신을 버린 부모를 원망하고 자신의 진짜 부모는 비럭공덕할미와 할비라고 생각합니다.

그러던 어느 날 병이 든 오구대왕이 꿈 속에서 버린 딸을 찾아 서천서역국에 가서 생명수를 구해오도록 하라는 신의 명령을 듣습니다. 그리고 자신이 버린 딸에게 염치없이 자신이 살기 위해 생명수를 구해오라고 부탁하게 되지요. 그렇게 바리는 생명수를 구하기 위한 여정을 떠나게 됩니다.

아버지의 병을 고치려고 생명수를 구하기 위해 힘든 여정을 떠나는 '바리데기 이야기'를 한 번쯤 들어보셨을 것입니다. 그러나 『희망을 부르는 소녀, 바리』에서 바리는 우리가 그동안 들었던 이야기 속 모습과는 조금 다릅니다. 바리데기 신화에서 바리는 부모님에 대한 지극한 효성으로 생명수를 구하기 위해 떠났다고 하지만, 김선우 선생님의 소설 속에서 바리는 자신을 버린 부모님이 아니라 고통받는 백성들을 위해 길을 떠납니다.

바리는 비록 버려진 신세였지만, 비럭공덕할미와 할비의 손에 구해져 아주 행복하게 자랐습니다. 특히 산속에서 모든 생명과 소통하는 특별한 능력을 갖추기도 했지요. 그런데 자신이 지냈던 숲속과는 다르게 왕궁으로 들어가는 길에 만난 백성들은 가난, 전쟁, 질병에 고통받아 너무나 힘들게 살아가고 있었습니다. 그래서 바리는 버려진 존재로 순종하지 않고, 스스로의 운명과 싸우고 이 세계를 구원하겠다는 의지를 선언합니다. 그 의지 덕분에 고난과 역경 끝에 생명수를 구했고, 오구대왕을 살려냈지만 모든 상을 거절하고 죽은 사람들의 곁으로 가 그들의 아픔을 씻겨주는 일을 선택합니다.

오늘날 바리는 누구에게 손을 내밀까요?

바리가 '희망을 부르는 소녀'가 될 수 있었던 까닭은 자신의 이익이 아닌 가난하고 약한 자들을 최우선으로 했기 때문입니다. 자신이 할멈과 할아범에게 받았던 사랑을 약하고 병든 사람들에게 돌려줘야 한다고 생각했을지도 모릅니다. 만약 바리가 자신을 버린 오구대왕을 미워해 아버지의 부탁을 거절했거나, 오구대왕이 주는 상을 받아서 혼자 떵떵거리고 살았다면 절대 희망을 부르는 소녀가 될 수 없었을 것입니다. 행복하게 같이 살자는 길대부인의 말에 바리는 "저를 필요로 하는 이들은 이 궁 안에 있지 않습니다. 어머니, 소녀는 이제 도처에 가득한 슬픔을 위로하고 억울한 혼령들을 쓰다듬어 씻기는 만신의 인로왕이 되겠나이다"라고 답했습니다.

지금도 절망에 빠진 사람들이 정말 많습니다. 오늘날 바리가 있다면 불나국의 백성처럼 가난해서 치료를 받지 못하거나 배고파서 죽어가는 사람들을 보고 가슴 아파할 것 같습니다. 지구 한쪽에서는 먹을 것이 넘쳐나는데 한쪽에서는 굶어 죽어가고 있습니다. 아파도 돈이 없어 치료를 받지 못하고 조금의 돈으로 가족들의 생계를 책임져야 하는 막막한 상황의 사람들은 정말 희망이 필요한 사람들이라고 생각합니다. 지구 반대편뿐만 아니라 우리 주위에도 그런 사람들은 많습니다.

하지만 우리는 그런 사람들을 평소에는 잘 보지 못하고 듣지 못합니다. 보고 싶지 않아서 애써 외면하기 때문이기도 하고, 그런 사람들을 꽁꽁 숨기는 사회 분위기 탓도 있습니다. 우리가 희망을 부르는 새로운 세대가 되기 위해서는 더욱 눈과 귀를 열고 세상에 관심을 가져야 합니다. 하루 벌어 간신히 하루를 사는 사람이 없도록, 끼니를 걱정하지 않도록, 모두가 자신의 가능성을 펼칠 수 있는 사회가 오면 좋겠습니다. 우리가 모두 바리처럼 우리가 받은 것을 잊지 않고, 나의 도움이 필요한 존재에 공감하고 같이 가슴 아파하는 것부터 시작해야 한다고 생각합니다.

이 책을 읽고 함께 토론해봅시다

- 책을 읽으며 바리가 왜 희망을 부르는 소녀인지를 잘 나타낸다고 생각하는 문장을 찾아보세요. 우리도 함께 힘껏 불러야 할 우리 시대와 사회의 희망이 무엇일지 생각해봅시다.
- 바리는 산 밖으로 나와 굶주림에 허덕이고, 질병에 고통받고, 가난에 절망하는 사람들의 얼굴을 보았습니다. 그래서 오구대왕을 살려낸 대가로 평생 호의호식할 수 있었지만, 죽은 자들의 곁으로 가 그들의 아픔과 고통을 위로하고 씻겨주는 일을 평생 하겠다고 말했지요. 오늘날 바리가 있다면, 누구의 아픔에 가장 가슴 아파할까요? 누구의 곁으로 가 그들의 고통을 위로하고 보듬어줄까요?

함께 읽으면 좋은 책

『발원 1, 2』, 김선우 지음, 민음사, 2015

『새로운 세대의 탄생』, 인디고 서원 엮음, 궁리, 2014

우리는 모두 자기 삶의 예술가입니다

『타샤의 말』

• 이유진(15세) •

책 속의 한 문장 ▸▸ ""자신 있게 꿈을 향해 나아가고 상상해온 삶을 살려고 노력하는 이라면 일상 속에서 예상치 못한 성공을 만나게 될 것이다." 헨리 데이비드 소로의 『월든』에 나오는 제가 제일 좋아하는 구절이에요. 정말 멋진 구절이죠. 제가 원하는 삶을 담고 있어요. 사람들이 제 행복의 비결이 뭐냐고 물어요. 저는 내면의 소리를 듣고 자신의 삶을 살라고 답하죠. 나는 그렇게 살았고, 그래서 행복한 사람이에요."

『타샤의 말』, 타샤 튜더 지음,
공경희 옮김, 윌북, 2017

아주 어릴 때 저는 대부분의 아이들처럼 친구들과 노는 것을 좋아했습니다. 그때 제가 갖고 있었던 고민은 "다음에는 무엇을 하고 놀까?"였습니다. 초등학교에 입학해서도 노는 것을 좋아했습니다. 그런데 제가 입학해서 얼마 되지 않은 때, 한 친구가 학원을 가야 한다며 인사를 하고는 가버렸습니다. 그 친구를 제외하고도 꽤 많은 친구가 학원에 다녔지만, 그때 저는 학원이 무엇인지 몰랐기 때문에 그곳이 무척 재밌는 곳인 줄 알았습니다. 하지만 그곳에 다녀온 아이들의 표정은 썩 좋아 보이지는 않았습니다.

그러다 언젠가부터 평소에 잘 놀던 친구들이 단원평가 점수를 보고 제가 더 잘 쳤다며 저를 경쟁자로 여기기 시작했습니다. 학년이 올라가며 수업 과목과 시간이 날이 갈수록 늘어가고, 친구들은 서로 누가 진도를 많이 나갔냐는 이야기를 하니 그토록 재미있었던 학교에 가기 싫어졌습니다. 저는 점점 웃음을 잃어갔습니다.

공부를 그렇게 열심히 하는 이유는 무엇일까요? 친구들에게 물어보면 일단 높은 점수를 받는 것만이 중요하다고 말합니다. 그러던 어느 날, 스스로 삶을 정하지도 못하고 어디로 가는지도 모른 채 걸어가는 우리와는 달리 천천히, 그렇지만 정확한 길을 나름의 기술로 행복하게 걸어가고 있는 타샤 튜더 할머니를 만났습니다.

타샤 튜더는 그림책 작가이자 30만 평의 넓은 정원을 가꾸는 멋진 정원사입니다. 영화 〈타샤 튜더〉에는 타샤의 아름다운 정원의 모습과 타샤 할머니가 지닌 삶에 대한 생각이 담겨 있습니다. 타샤의 삶은 부드럽지만 절대 가볍지는 않았습니다. 그리고 그 삶은 세계로 퍼져나가 많은 이들의 삶을 바꾸고 있습니다. 할머니는 자기만의 방식으로 행복을 누리고 세상을 더 평화롭게 만들었던 사람입니다.

나는 정말 행복한가요? 나의 삶은 아름다운가요?

타샤 튜더 할머니는 "6월이면 겸손할 수가 없어요. 정신 나간 사람처럼 뽐내게 되지요"라고 말씀하셨습니다. 저는 6월을 묘사한 할머니의 말씀을 읽으며, 마치 꽃에서 퍼져나가는 향기를 직접 맡은 것처럼 행복이 피어올랐습니다. 할머니가 꽃을 보며 느낀 행복의 감정이 뭔지 알 것 같았어요. 할머니에게 꽃과 같은 존재가 저에게는 무엇이 있을까 생각해보았습니다. 저에게는 친구들과 함께 듣고 부르는 노래가 그렇습니다. 친구와 함께 있으면 저는 솔직해집니다. 친구와 서로 깊은 대화를 나누고, 마음을 공유할 때 저는 가장 행복하다고 느낍니다. 그리고 노래는 제가 표출하지 못했던 감정들이나, 마음속에 맺힌 슬프고 아픈 것들을 조금이나마 씻어줍니다. 저는 노래를 들으며 추억을 되새기기도 하고, 삶에 대한 깨달음을 얻기도 합니다.

최근에는 노래를 들으며 제가 성장해오면서 겪은 모든 아픔이 상처만 내고 떠난 것이 아닌, 더욱 잘 성장하기 위한 성장통이었다는 사실을 깨달았습니다. 그리고 제가 가장 좋아하는 것은 음악 취향이 비슷한 친구들과 같이 노래를 듣는 것입니다. 의식하지 않아도 저절로 행복하다는 생각이 듭니다.

타샤는 '잔잔한 물'처럼 자연 그대로의 모습과 온화하고 평화로운 상태를 유지하기 위해 부단히 애썼습니다. 타샤 튜더의 삶을 통해 의미 있는 삶, 행복한 삶을 만들어가는 방법이 무엇인지 배울 수 있기를 바랍니다.

이 책을 읽고 함께 토론해봅시다

- 타샤의 '잔잔한 물' 같은 삶을 실천할 수 있는 방법은 무엇일까요? 책을 읽으며 행복하고 평화로운 삶의 원리와 그 의미가 무엇인지 찾아보세요.
- 타샤 튜더의 삶의 원칙에서 여러분의 삶에 적용하고 싶은 방법을 찾았다면, 직접 실천해보세요. 그리고 자신의 느낌이 어땠는지 타샤 할머니에게 띄우는 한 편의 편지를 써보세요.

함께 읽으면 좋은 책

『리케』, 마이크 비킹 지음, 이은선 옮김, 흐름출판, 2019

『소로와 함께한 나날들』, 에드워드 월도 에머슨 지음, 서강목 옮김, 책읽는오두막, 2013

사랑은 세상을 구원한다

『이회영, 내 것을 버려 모두를 구하다』

• 장혜원(15세) •

책 속의 한 문장 ▸▸ "우리는 이회영이라는 사람에게 많은 것을 빚지고 있다. 그의 가족이 사재를 털어 버텨 준 10년이 없었다면, 일제에 저항하기 위해 무작정 국경을 넘은 수천의 젊은이들은 미처 싸울 길을 찾지 못한 채 방황했을지 모른다. 그리고 그가 온몸으로 버텨 낸 30년이 없었다면, 자신이 감당하고 있는 세월의 무게가 가장 잔인한 줄로만 알던 젊은이들은 결국 적들의 품으로 투항해 버렸을지도 모른다. 그의 죽음 앞에서 했던 피눈물의 맹세를 지켜 낸 백정기와 엄형순도 이회영에게 빚진 이들이었고, 그 빚을 갚기 위해 자신의 삶을 온전히 내던졌다."

『이회영, 내 것을 버려 모두를 구하다』,
김은식 지음, 봄나무, 2010

조선이 일본에 식민지배 당하던 시절, 온몸을 던져 일제와 맞서 싸운 수많은 독립운동가 중 꼭 기억해야 할 한 분이 있습니다. 바로 우당 이회영 선생님입니다. 이회영 선생님은 높은 벼슬을 지내며 엄청난 부와 명예를 누려온 명문가에서 태어났습니다. 누구보다도 많은 것을 가지고 있었고, 하고 싶은 것만 하며 살 수 있었던 이회영 선생님과 그 가족은 가진 것을 모두 독립운동에 바쳤습니다. 이회영 선생님 일가는 어마어마한 재산을 모두 처분한 후 만주로 떠났고, 무장독립운동의 근원지인 신흥무관학교를 세우셨지요.

막대한 자본금을 단순히 무기를 사거나 군대를 조직하는 데 쓰지 않고 학교를 세운 것은 시대에 대한 깊은 고민과 정의를 향한 의지가 있었기 때문입니다. 시대의 어둠을 직시하고 그를 극복하여 희망을 만들어내는 것은 더 강건한 정신을 길러내는 교육이라 생각하셨기 때문입니다. 그리고 그곳에서 양성된 젊은이들이 조국의 해방을 이끄는 용맹한 투사가 되었음을 역사가 증명합니다.

이회영 선생님께서 존경받아 마땅한 이유는 자신을 철저히 버리고 끝까지 흔들림 없는 독립투쟁의 길을 걸었기 때문입니다. 선생님은 독립운동에 뒤따르는 두려움과 괴로움으로부터 도망치고 싶은 유혹을 뿌리친 단단한 의지를 가지고 계셨습니다. 그렇다면 이회영 선생님께 독립은 무슨 의미였을까요? 무슨 의미이기에 자신의 모든 것을 버려 독립을 위해 싸우셨을까요?

이 한 번의 젊은 나이를 어떻게 살아야 할까요?

우당 선생님께서 자신의 것을 버려 모두를 구하는 '평화'를 이루고자 하셨듯이 우리는 무엇을 이루고자 삶을 살아야 할까요? 저는 '사랑'이라고 생각합니다. 오늘날 사회는 마치 사랑하는 법을 잊은 것 같습니다. 인종, 이주민, 여성에 대한 차별적 발언을 했던 도널드 트럼프가 미국의 대통령이 되었고, 우리나라 또한 서로를 차별하고 혐오합니다. 우리 사회는 차별과 혐오가 마치 유행하는 말인 듯 사용합니다. 조금만 다르면 이해하려고 애쓰지 않고, 특정한 기준으로 평가하고 비판하기 바쁩니다. 그러다 보니 조금이라도 힘이 세거나 권력을 가진 자에게 유리한 쪽으로 평가 기준이 생기게 되고, 그에 미달하면 '루저'가 되지요. 성(性), 학력, 직업, 지역, 외모…. 다 열거하기에도 힘든 차별들이 있습니다. 그러다보니 심지어 자기 자신을 혐오하기까지 합니다. 어쩌면 자기 자신을 사랑하지 않기 때문에 다른 사람도 사랑하지 못하는 것일지도 모릅니다.

이러한 혐오와 차별의 시선은 학교에서 시작합니다. 인싸(인싸이더, 활발하고 두루두루 친한 아이를 지칭)와 아싸(아웃싸이더, 잘 어울리지 못하고 혼자 있는 아이를 지칭)를 나누고, 자기보다 힘이 약한 친구를 괴롭힙니다. 내가 무엇을 좋아하고, 내 옆의 짝은 어떤 목소리를 가진 아이인지 들여다보기도 전에 자꾸 남들과 비교하고 평가하려고 하니, 나 자신을 미워하는 아이들만 가득해집니다.

이렇게 미워하는 마음으로는 결코 행복한 삶도, 정의로운 사회도 만들 수 없습니다. 그러니 우리는 서로 사랑하는 법을 배워야만 합니다. 우리 사회 곳곳에는 서로의 아픔을 이해해주고, 이회영 선생님처럼 공공의 이익을 위해서 사익을 포기하고 행동하는 사람도 많습니다. 사실 그것은 어려운 것이 아닙니다. 갑자기 쓰러진 사람을 구하려고 타고 있던 버스를 멈추거나 비행기를 다시 회항하는 데 불평하지 않는 사람들이, 정의로운 세상을 위해서 촛불을 들고 길거리에 나선 많은 시민이 바로 그런 사람들입니다.

서로 사랑하고 베푸는 행동은 사람으로 하여금 자신이 살아 있다고 느끼도록 합니다. 그렇기에 이회영 선생님께서 자신이 가진 모든 것을 버렸지만, 그것으로 모두를 구했기 때문에 정말로 행복한 삶을 사셨으리라 생각합니다. 우리 모두 사랑을 통해 공생하는 사회를 만들면 좋겠습니다.

이 책을 읽고 함께 토론해봅시다

- 우당 이회영 선생님께서 서른 살의 나이에 쓴 시에는 "이 한 번의 젊은 나이를 어찌할 것인가"라는 구절이 나옵니다. 바로 그러한 질문을 했기 때문에 모든 것을 다 버리고 독립운동에 온몸을 던질 수 있었을 것입니다. 여러분은 이 한 번의 젊은 나이를 어떻게 살고 싶은가요? 이회영 선생님의 질문에 답해봅시다.
- 우당 이회영 선생님이 자신의 것을 버려 모두를 구하는 '평화'를 이루고자 하셨듯이, 오늘날 우리가 목소리 내서 구해야 할 가치가 무엇인지 여러분의 평화선언문을 써보세요.

함께 읽으면 좋은 책

『죽음을 멈춘 사나이, 라울 발렌베리』, 샤론 리니어 지음, 배은경 옮김, 꼬마이실, 2010

『야누시 코르차크』, 이자벨 콜롱바 지음, 권지현 옮김, 북콘, 2014

『장기려, 우리 곁에 살다 간 성자』, 김은식 지음, 봄나무, 2006

아름다운 존재를 사랑하라

『크리스 조던』

• 박다윤(17세) •

책 속의 한 문장 ▸▸ "세상에 존재하는 불의에 눈감지 않되, 성급하게 해답을 찾기보다는 문제의 본질이 무엇인지 끊임없이 고민하고, 지금 할 수 있는 일을 해내는 것, 그것이 바로 인문학의 힘이고 지성인과 예술가의 역할이라고 생각합니다."

"스스로 슬픔을 느끼려 노력하세요. 늘 슬퍼하라는 것이 아닙니다. 하지만 그 슬픔을 저버리고 외면하려 한다면 그것이 우리의 발목을 잡을 것이고, 그것은 여러분께 영원한 상처로 남을 것입니다. 우리가 슬픔을 피하지 않을 용기를 갖기만 한다면 슬픔은 파도처럼 우리를 치고 지나갈 것입니다. 역설적으로 들리겠지만 기쁨을 회복하기 위해선 슬픔이라는 문을 거쳐야만 합니다."

『크리스 조던』, 인디고 서원 엮음,
인디고 서원, 2019

알바트로스라는 새를 아시나요? 보들레르는 유명한 시 「알바트로스」에서 이들을 '창공의 왕자'라 찬미합니다. 우아한 몸짓으로 하늘을 누비는 알바트로스는 한 번의 비행으로 수천 킬로미터를 날아갑니다. 호기심 많고 지능도 높으며 인간을 무서워하지 않습니다. 때로는 그런 호기심과 용기가 독이 되어 돌아오기도 하죠. 짓궂은 선원들에게 붙잡혀 조롱거리가 된 보들레르 시의 내용처럼 말입니다. 『크리스 조던』은 알바트로스가 인간들로 인해 또다시 곤경을 맞이하고 있음을 보여줍니다. 바로 우리가 하루에도 몇 번씩 쓰고 버리는 '플라스틱' 때문입니다.

처음 듣는 새의 이름에다가, 갑자기 플라스틱이라니 무슨 이야기를 하려는 걸까요? 알바트로스는 인간 문명으로부터 멀리 떨어진 태평양 한가운데의 섬 '미드웨이'에서 살아갑니다. 다른 수백만 마리의 새들과 함께 말이죠. 이들의 주식은 바다에 있습니다. 새끼를 기르기 위해 알바트로스는 수천 킬로미터를 날아가서 먹이를 가져옵니다. 그런데 그들이 날아간 바다에는 잘게 쪼개진 플라스틱이 떠다닙니다. 며칠 동안 밤새 날아온 알바트로스는 플라스틱이 섞인 먹이를 새끼들에게 먹입니다. 왜 죽어야 하는지 모르는 채로 수많은 알바트로스가 죽음을 맞이합니다.

크리스 조던은 이를 '우리의 집단적 선택이 초래한 초현실적인 결과'라고 말합니다. 단지 더 빠르고 편리한 일상을 위해 플라스틱을 개발했고, 이것이 다른 많은 생명에게 고통을 안겨주고 있습니다. 북태평양에서 거대한 쓰레기 섬이 발견되어 세간을 떠들썩하게 만든 지도 오랜 시간이 지났습니다. 우리는 여전히 플라스틱을 사용합니다. 그것이 당장 내 삶을 위협하지는 않는다고 생각하기 때문입니다. 물론 미세 플라스틱이 인간의 몸에 축적되었을 때 우려되는 점들을 나열하고 경각심을 줄 수도 있습니다. 하지만, 우리의 건강과 직접적으로 관련이 없다 하더라도 단지 다른 생명의 고통만으로도 우리 삶을 바꿀 수는 없는 것일까요? 로봇이 움직이고 말하며 바둑도 두는 시대에, 어째서 바다의 쓰레기를 치우는 것은 불가능하다는 것일까요? 언뜻 보면 가능과 불가능의 문제인 것처럼 보이지만 이는 우리가 '선택'한 것이며 분명히 멈추고 해결할 수 있는 일입니다. 그래서 크리스 조던은 우리에게 질문합니다. "이 시대의 현실을 직시할 용기가 있습니까?"

왜 우리는 고통스러운 현실을 외면하려고만 하는 걸까요?

크리스 조던은 세상 모든 존재를 사랑하라고 말합니다. 그런데 책이 비추는 현실은 그다지 아름답지 않습니다. 고통스럽고 비극적입니다. 인간이 버린 플라스틱을 먹고 죽어가는 새끼 알바트로스가 있습니다. 그런 새끼를 바라보는 어미 알바트로스가 있습니다. 그들을 바라보는 우리, 무력한 인간이 있습니다. 이것이 우리가 만든 지구입니다. 현실에서 도망치지 말고 분명히 보아야 합니다. 슬픔을 충분히 느껴야 기쁨에 도달할 수 있으니까요.

우리는 어쩌다 현실에서 도망치게 되었을까요? 역시나 '무서워서' 그런 것 같습니다. 우리 앞에 놓인 현실의 문제가 너무 거대해서 함부로 건들면 더 커질 것 같고, 근처에만 가도 가슴이 답답하고 불편해지니까요. 그런 우리에게 크리스 조던은 문제를 당장 해결하려 들지 말라고 합니다. 대신 거대한 문제를 똑바로 바라보라고 말합니다. 문제를 성급히 해결하려 하면 또 다른 부작용이 생길 수 있기 때문입니다. 중요한 것은 아무리 아프고 괴로워도 문제로부터 도망치지 않는 것입니다.

저 또한 '세상은 너무 무서운 곳이라서 아무리 공부하는 것이 괴롭더라도 세상에 맨몸으로 던져지는 것보다는 낫다'라고 생각한 적이 있습니다. '학생'이라는 신분으로 사회의 현실을 외면하는 제 모습을 정당화할 수 있다고 생각했습니다. 저처럼 생각하는 사람이 많아서 아직 우리가 무한 경쟁에 시달리고, 무관심 속에 많은 문제를 방치하며 살아가는 게 아닐까요? 제가 그랬듯, '현실'의 문제가 심각하다고 느끼지만, '현생'이 바쁘다며 그 느낌을 바깥으로 밀어버리는 사람들이 많습니다. 그런 분들이 이 책을 읽으면 좋겠습니다. 분명, 맨몸으로 던져진 세상에 따뜻한 옷이 되어 주리라 생각합니다.

이 책을 읽고 함께 토론해봅시다

- 크리스 조던이 처음 미드웨이 섬에 갔을 때, 플라스틱을 먹고 죽은 알바트로스들을 보고 엄청난 절망과 무기력에 빠졌다고 합니다. 두 번째 방문을 권유한 건 그의 동료들이었습니다. 한 번 더 미드웨이 섬을 방문했을 때 크리스 조던은 슬픔만이 아니라 아름다움과 세계에 대한 사랑을 느끼게 되었습니다. 미드웨이 섬에 다시 가기를 권하는 동료가 없었다면 〈알바트로스〉 같은 작품도 없었을지 모릅니다. 여러분에게는 이처럼 큰 불을 피우는 불쏘시개 같은 말을 해주는 친구가 있나요? 우리가 그런 친구가 되려면 어떻게 해야 할까요?

함께 읽으면 좋은 책

『애도하는 미술』, 박영택 지음, 마음산책, 2014

『예술은 언제 슬퍼하는가』, 박종호 지음, 민음사, 2016

참된 삶을 향해 항해하라

『참된 삶』

• 최은수(18세) •

책 속의 한 문장 ▸▸ "그들은 완전히 길을 잃고 방황하지만, 어쨌든 고국을 향해 떠나야만 한다. 이념idée이란 바로 이런 것이다. 우리는 버림받고 길을 잃었지만 그럼에도 우리가 될 수 있는 것을 향해, 여러분의 진정한 현실인 무언가를 향해 떠날 수 있음을 생각한다. (…) 삶에서 중요한 무언가가 일어날 때는 언제나 여러분을 위한 참된 삶을 구성하는 어떤 것으로 정향된 떠남départ(출발)이나 뿌리 뽑힘과 같은 순간이다."

『참된 삶』, 알랭 바디우 지음,
박성훈 옮김, 글항아리, 2018

한 의류 브랜드 광고는 우리에게 말합니다. "휴가는 짧아도 놀 때는 엣지 있게!" 곧이어 알록달록한 옷을 차려입고 물놀이를 즐기는 사람들이 나옵니다. 흔히 말하는 '엣지'를 살리기 위해 우리는 목숨을 겁니다. 열심히 일한 사람들은 어딘가로 떠납니다. 기왕이면 좋은 곳으로, 멋있는 곳으로 말이죠. 보고 들은 것은 SNS에 올려야 합니다. 사람들의 관심과 부러움을 받을 테니까요. 일상은 그다지 흥미롭고 재미있지 않습니다. 휴가를 끝내고 돌아온 삶은 지루하고 재미없는 일들로 가득합니다.

알랭 바디우가 이런 청년들을 본다면 그저 타국으로 여행을 떠나지 말고 진정한 인생의 항해를 하라고 말할 것입니다. 그는 『참된 삶』에서 소크라테스가 받은 재판을 소개합니다. 소크라테스는 '젊은이들을 타락시킨 죄'로 사형을 선고받았습니다. 여기서 '타락'은 돈이나 권력과 관련된 것이 아닙니다. 그의 죄목은 젊은이들을 기존의 질서에 저항하게 만든 것입니다. 소크라테스는 젊은이들이 이미 나 있는 길로 접어들거나 관습에 순종하지 않고, 체제를 거부하게 했습니다. 그가 사형을 선고받은 사실에서 알 수 있듯 사회는 이런 지식인을 거부합니다.

사회가 어떻게 받아들이냐가 중요한 게 아닙니다. 문제는 오늘날 젊은이들이 참된 삶에 그다지 관심이 없다는 겁니다. 우리에게 주어진 삶의 선택지는 두 가지 정도로 요약됩니다. 하나는 즉각적인 쾌락을 추구하는 삶, 즉 '불사르는 삶'입니다. 다른 하나는 사회가 요구하는 성공의 조건을 맞추려 노력하는 삶으로, '쌓아올리는 삶'입니다. 이것이 알랭 바디우가 말하는, 젊은이들의 풍부한 사유를 가로막는 두 가지 내부의 적입니다. 청년들은 대부분 인생의 길을 선택할 때, 이 두 가지 중 하나를 선택하거나, 둘 사이를 배회하면서 살아갑니다. 하지만 바디우는 불사르는 삶도 쌓아올리는 삶도 아닌 또 다른 삶의 방식으로 '참된 삶'을 실천해야 한다고 말합니다.

참된 삶은 그저 "오늘부터 나만의 길을 가겠어"라고 선언하는 것으로 시작할 수 있는 것이 아닙니다. 사회가 우리에게 요구하는 규범에 어떤 것들이 있는지 비판적으로 바라보는 것에서 시작합니다. 바디우는 '전통'이란, 우리가 머물고자 하는 오래된 집이며 자발적인 감옥이라고 말합니다. 전통이나 규범이 언제나 나쁘기만 한 것은 아닙니다. 우리를 구속하기는 하지만 다른 한편으로 안락하고 편안한 느낌을 주기 때문입니다. 전통에서 벗어난 삶은 위험하고 불안합니다. 우리 젊은이들은 그로부터 걸어나와 자신을 향한 길을 떠날 수 있을까요?

참된 삶이란 무엇일까요?

인생은 망망대해를 한 척의 배로 항해하는 것과 같습니다. 때로는 잔잔한 파도가 일고, 때로는 거친 폭풍우를 지날 것입니다. 가끔은 아름다운 새들과 고기떼도 만납니다. 그런데 다른 여행과 달리, 여기에는 정해진 항로도 목적지도 없습니다. 그저 우리는 열심히 어딘가로 향해 가다가 어느 순간 방향키를 내려놓게 됩니다. 그래서 알랭 바디우는 참된 삶이 완전히 존재한다고 할 수도 없고, 존재하지 않는다고 할 수도 없다고 말합니다. 정답이 없다는 것이죠. 다만 '이념'이라는 것이 우리의 항해를 도울 수 있다고 말합니다.

이념은 우리가 길을 잃고 어딘가를 배회할 때 참된 자신을 발견할 수 있도록 문을 열어주는 것입니다. 또한 기존에 없었던 새로운 가치를 발견할 수 있게 하는 이정표가 되기도 합니다. 이념이 꼭 기존에 있던 어떤 '사상'을 뜻한다고 생각할 필요는 없습니다. 『참된 삶』에 나오듯, 우리 삶의 현실적인 문제들을 포괄할 수 있는 새로운 가치관을 찾아 끊임없이 사유하고 질문하고 토론하는 것에서 시작할 수 있습니다. 우리가 책을 읽고 이야기를 나누는 이유도 여기에 있습니다. '불사르는 삶'이나 '쌓아올리는 삶'은 인간이 겪는 궁핍과 위험, 고난에 거의 아무런 답변도 내놓지 못하기 때문입니다.

이 책은 다른 누구도 아닌, 우리 모두가 읽어야 한다고 생각합니다. 우리 사회는 시민의식이 아직 많이 부족하므로, 이를 개선하기 위해서는 청소년부터 변화를 시작해야 하기 때문입니다. 사회적 의식은 부분과 전체가 동일한 모양으로 끊임없이 반복되는 프랙탈 구조와 같습니다. 개인의 의식이 사회적인 의식을 형성하고, 그것이 다시 개인의 의식에 영향을 미치는 방식으로 작용하죠. 경제 성장에 집중하느라 물질적인 가치만을 중시한 사람들이 시민정신이 부재한 사회를 만들었고, 그 사회는 다시 개인이 물질적인 가치만을 바라보도록 만들었을 것입니다. 이런 악순환 속에서 젊은이들은 참된 삶을 위해 사유할 시간과 동기를 잃었습니다.

그러나 "고인 물이 썩는다"라는 말이 있듯, 주어진 길에 머무르려고만 한다면 아무것도 변화하지 않고 상황은 더 악화될 것입니다. 원래 있던 모순에서 벗어나 새로운 길로 접어들고, 세계의 어려움에 부딪혀서 새로운 세계를 건설하는 것이야말로 젊은이들의 책무입니다. 그리고 인문학이야말로 이러한 문제들이 어디에서 비롯되었는지 사유할 힘을 줄 것이라 생각합니다. 참된 시민으로서 더 나은 삶을 찾아 여행을 떠나고자 한다면 이러한 인문학의 힘이 필요하지 않을까요?

이 책을 읽고 함께 토론해봅시다

- 한국 교육은 청소년들에게 '참된 삶을 살라'고 가르치지 않습니다. 젊은이들이 참된 삶을 사는 데 관심이 없어진 이유는 바로 이러한 교육 때문이 아닐까 생각합니다. 왜 우리 교육은 그렇게 가르치지 않을까요? 우리는 이 교육을 어떤 방식으로 바꾸면 좋을지 함께 생각해봅시다.

함께 읽으면 좋은 책

『내일, 새로운 세상이 온다』, 시릴 디옹 지음, 권지현 옮김, 한울림, 2017

『포기하지 마라』, 스테판 에셀 지음, 조민현 옮김, 문학세계사, 2013

· 인디고 아이들이 추천하는 책 ·

- 『10대와 통하는 동물 권리 이야기』, 이유미 지음, 철수와영희, 2017
- 『1등에게 박수 치는 게 왜 놀랄 일일까?』, 오찬호 지음, 나무를심는사람들, 2017
- 『3.11 이후를 살아갈 어린 벗들에게』, 다쿠키 요시미쓰 지음, 윤수정 옮김, 돌베개, 2014
- 『Doing Democracy 두잉 데모크라시』, 인디고 서원 지음, 궁리, 2017
- 『GMO, 유전자 조작 식품은 안전할까?』, 김훈기 지음, 풀빛, 2017
- 『갈매기에게 나는 법을 가르쳐준 고양이』, 루이스 세풀베다 지음, 유왕무 옮김, 바다출판사, 2015
- 『거리 민주주의: 시위와 조롱의 힘』, 스티브 크로셔 지음, 문혜림 옮김, 산지니, 2018
- 『공부의 말들』, 설흔 지음, 유유, 2018
- 『공부하는 인간』, KBS 공부하는 인간 제작팀 지음, 예담, 2013
- 『그 꿈들』, 박기범 지음, 김종숙 그림, 낮은산, 2014
- 『그런데, 삶이란 무엇인가』, 롤프 도벨리 지음, 유영미 옮김, 나무생각, 2018
- 『그림과 나』, 김선현 지음, 웅진지식하우스, 2015
- 『그림자 형제를 위하여』, 채인선 지음, 한권의책, 2015
- 『김산하의 야생학교』, 김산하 지음, 갈라파고스, 2016
- 『나는 말랄라』, 말랄라 유사프자이 지음, 박찬원 옮김, 문학동네, 2014
- 『나는 매일 감동을 만나고 싶다』, 히사이시 조 지음, 이선희 옮김, 샘터, 2016
- 『나다운 게 아름다운 거야』, 케이트 T. 파커 지음, 신현림 옮김, 시공아트, 2017
- 『나만 잘 살면 왜 안 돼요?』, 이치훈, 신방실 지음, 북트리거, 2019
- 『내 삶의 길을 누구에게 묻는가?』, 백승영 지음, 샘터, 2016
- 『내 이름은 도도』, 선푸위 지음, 허유영 옮김, 청림출판, 2017

- 『내가 행복한 곳으로 가라』, 김이재 지음, 샘터, 2015
- 『내일, 새로운 세상이 온다』, 시릴 디옹 지음, 권지현 옮김, 한울림, 2017
- 『너의 운명으로 달아나라』, 이현우 지음, 마음산책, 2017
- 『뇌과학으로 사회성 기르기』, 박솔 지음, 궁리, 2017
- 『누구나 꽃이 피었습니다』, 김예원 지음, 이후, 2019
- 『다라야의 지하 비밀 도서관』, 델핀 미누이 지음, 임영신 옮김, 더숲, 2018
- 『대한민국의 시험』, 이혜정 지음, 다산4.0, 2017
- 『동급생』, 프레드 울만 지음, 황보석 옮김, 열린책들, 2017
- 『동학에서 미래를 배운다』, 백승종 지음, 들녘, 2019
- 『돼지가 있는 교실』, 쿠로다 야스후미 지음, 김경인 옮김, 달팽이, 2011
- 『듣는다는 것』, 이기용 지음, 너머학교, 2018
- 『뜨거운 지구에서 살아남는 유쾌한 생활습관 77』, 데이비드 드 로스차일드 지음, 환경운동연합 옮김, 추수밭, 2008
- 『로봇 시대, 인간의 일』, 구본권 지음, 어크로스, 2015
- 『리케』, 마이크 비킹 지음, 이은선 옮김, 흐름출판, 2019
- 『릴리에게, 할아버지가』, 앨런 맥팔레인 지음, 이근영 옮김, RHK, 2015
- 『마우나케아의 어떤 밤』, 트린 주안 투안 지음, 이재형 옮김, 파우제, 2018
- 『만세열전』, 조한성 지음, 생각정원, 2019
- 『말할 수 없는 것들이 있습니다』, 키어스텐 보이에 지음, 전은경 옮김, 내인생의책, 2018
- 『먹는 인간』, 헨미 요 지음, 박성민 옮김, 메멘토, 2017
- 『명사들의 졸업사』, 버락 오바마 외 지음, 안지은 옮김, 문예춘추사, 2016
- 『모든 생명은 서로 돕는다』, 박종무 지음, 리수, 2014
- 『목소리를 보았네』, 올리버 색스 지음, 김승욱 옮김, 알마, 2012
- 『바그다드 동물원 구하기』, 로렌스 앤서니 지음, 고상숙 옮김, 뜨인돌, 2019
- 『바닷가 아이들』, 권정생 지음, 창비, 1988
- 『발원 1, 2』, 김선우 지음, 민음사, 2015

- 『밥 딜런, 똑같은 노래는 부르지 않아』, 서정민갑 지음, 탐, 2018
- 『빠빠라기』, 투이아비 지음, 최시림 옮김, 정신세계사, 2009
- 『사계절 자연 수업』, 클레어 워커 레슬리 지음, 양원정 옮김, 미래의창, 2018
- 『사라져가는 것들의 안부를 묻다』, 윤신영 지음, MID, 2014
- 『사람의 자리』, 전치형 지음, 이음, 2019
- 『사향고양이의 눈물을 마시다』, 이형주 지음, 책공장더불어, 2016
- 『산책을 듣는 시간』, 정은 지음, 사계절, 2018
- 『상상 라디오』, 이토 세이코 지음, 권남희 옮김, 영림카디널, 2015
- 『새로운 세대의 탄생』, 인디고 서원 엮음, 궁리, 2014
- 『생명의 기억』, 에드워드 윌슨 지음, 최재천 · 장수진 옮김, 반니, 2016
- 『선량한 차별주의자』, 김지혜 지음, 창비, 2019
- 『세계 곳곳의 너무 멋진 여자들』, 케이트 샤츠 지음, 이진규 옮김, 티티, 2018
- 『세계 인권 선언』, 제랄드 게를레 그림, 목수정 옮김, 문학동네, 2018
- 『세상은 보이지 않는 끈으로 연결되어 있다』, 최원형 지음, 샘터, 2016
- 『세상은, 이렇게 바꾸는 겁니다』, 폴 파머 지음, 박종근 옮김, 골든타임, 2014
- 『세상을 바꿀 용기』, 존 슐림 지음, 정태영 옮김, 미래인, 2017
- 『세실의 전설』, 브렌트 스타펠캄프 지음, 남종영 옮김, 사이언스북스, 2018
- 『소로와 함께한 나날들』, 에드워드 월도 에머슨 지음, 서강목 옮김, 책읽는오두막, 2013
- 『소리 없는 질서』, 안애경 지음, 마음산책, 2015
- 『소현 세자의 진짜 공부』, 설흔 지음, 라임, 2017
- 『손이 들려준 이야기들』, 최승훈 그림, 김혜원 글,이야기꽃, 2018
- 『수학자의 공부』, 오카 기요시 지음, 정회성 옮김, 사람과나무사이, 2018
- 『시인의 진짜 친구』, 설흔 지음, 단비, 2015
- 『식물 읽어 주는 아빠』, 이태용 지음, 북멘토, 2017
- 『아이들의 평화는 왜 오지 않을까?』, 강안 지음, 웃는돌고래, 2019
- 『애니멀 어벤저스』, 채희경 지음, 이파르, 2018

- 『애도하는 미술』, 박영택 지음, 마음산책, 2014
- 『야누시 코르차크』, 이자벨 콜롱바 지음, 권지현 옮김, 북콘, 2014
- 『양심을 지킨 사람들』, 김형민 지음, 다른, 2016
- 『어른을 일깨우는 아이들의 위대한 질문』, 제마 엘윈 해리스 지음, 김희정 옮김, 부키, 2015
- 『얼굴 사용법』, 야마구치 마사미 지음, 김영애 옮김, 돌베개, 2018
- 『얼굴이 말하다』, 박영택 지음, 마음산책, 2010
- 『연필 하나로 가슴 뛰는 세계를 만나다』, 애덤 브라운 지음, 이은선 옮김, 북하우스, 2014
- 『예술은 언제 슬퍼하는가』, 박종호 지음, 민음사, 2016
- 『왜 세계의 가난은 사라지지 않는가』, 장 지글러 지음, 양영란 옮김, 시공사, 2019
- 『왜 주인공은 모두 길을 떠날까?』, 신동흔 지음, 샘터, 2014
- 『우리는 스스로 빛나는 별이다』, 이광식 지음, 샘터, 2019
- 『우정 지속의 법칙』, 설흔 지음, 창비, 2014
- 『월든』, 헨리 데이비드 소로우 지음, 강승영 옮김, 은행나무, 2011
- 『웰컴, 삼바』, 델핀 쿨랭 지음, 이상해 옮김, 열린책들, 2015
- 『위대한 강의 삶과 죽음』, 김종술 지음, 한겨레출판, 2018
- 『윌리엄 모리스 노동과 미학』, 윌리엄 모리스 지음, 서의윤 옮김, 좁쌀한알, 2018
- 『이명현의 별 헤는 밤』, 이명현 지음, 동아시아, 2014
- 『이회영, 내 것을 버려 모두를 구하다』, 김은식 지음, 봄나무, 2010
- 『읽는 인간』, 오에 겐자부로 지음, 정수윤 옮김, 위즈덤하우스, 2015
- 『장기려, 우리 곁에 살다 간 성자』, 김은식 지음, 봄나무, 2006
- 『전설의 고래 시쿠』, 진 크레이그헤드 조지 지음, 이재경 옮김, 별숲, 2015
- 『죽음을 멈춘 사나이, 라울 발렌베리』, 샤론 리니어 지음, 배은경 옮김, 꼬마이실, 2010
- 『지구의 절반』, 에드워드 윌슨 지음, 이한음 옮김, 사이언스북스, 2017
- 『지구인의 도시 사용법』, 박경화 지음, 휴, 2015
- 『지금 독립하는 중입니다』, 하지현 지음, 창비, 2017
- 『쫓기는 새』, 최성각 지음, 실천문학사, 2013

- 『차별한다는 것』, 권용선 지음, 너머학교, 2018
- 『참된 삶』, 알랭 바디우 지음, 박성훈 옮김, 글항아리, 2018
- 『처음 하는 평화 공부』, 모가미 도시키 지음, 김소라 옮김, 궁리, 2019
- 『철학, 과학기술에 다시 말을 걸다』, 이상헌 지음, 주니어김영사, 2016
- 『철학자의 식탁에서 고기가 사라진 이유』, 최훈 지음, 사월의책, 2012
- 『최고의 석학들은 어떤 질문을 할까?』, 허병민 엮음, 웅진지식하우스, 2014
- 『최원형의 청소년 소비 특강』, 최원형 지음, 철수와영희, 2017
- 『크리스 조던』, 인디고 서원 엮음, 인디고 서원, 2019
- 『타샤의 말』, 타샤 튜더 지음, 공경희 옮김, 윌북, 2017
- 『탈핵 학교』, 김익중, 김정욱 외 10명 지음, 반비, 2014
- 『파울루 프레이리, 삶을 바꿔야 진짜 교육이야』, 양은미 지음, 탐, 2017
- 『포기하지 마라』, 스테판 에셀 지음, 조민현 옮김, 문학세계사, 2013
- 『폴 파머, 세상을 고치는 의사가 되어줘』, 김관욱 지음, 탐, 2016
- 『플라스티키, 바다를 구해줘』, 데이비드 드 로스차일드 지음, 우진하 옮김, 북로드, 2013
- 『플라스틱 없는 삶』, 윌 맥컬럼 지음, 하인해 옮김, 북하이브, 2019
- 『하늘을 달린다』, 이상권 지음, 자음과모음, 2011
- 『하얗게 웃어줘 라오스』, 오동준 지음, RHK, 2013
- 『학교 공간, 어떻게 바꿀 수 있을까?』, 편해문 외 지음, 창비교육, 2019
- 『행복이 정말 인생의 목표일까?』, 이유선 지음, 나무를심는사람들, 2018
- 『헌법 수업』, 신주영 지음, 들녘, 2018
- 『혐오와 인권』, 장덕현 지음, 풀빛, 2019
- 『후쿠시마에 남겨진 동물들』, 오오타 야스스케 지음, 하상련 옮김, 책공장더불어, 2013
- 『희망을 부르는 소녀, 바리』, 김선우 지음, 단비, 2014